高考志愿填报参考书

清晰析志愿
QINGXIZHIYUAN

赵军波　涂尊嫔　李小春　编著

院校　专业　数据　策略

中国原子能出版社
China Atomic Energy Press

图书在版编目（CIP）数据

　　清晰志愿 / 赵军波，涂尊嫔，李小春编著. -- 北京：
中国原子能出版社，2019.12
　　ISBN 978-7-5221-0363-1

　　Ⅰ. ①清… Ⅱ. ①赵… ②涂… ③李… Ⅲ. ①毕业生
—高中—升学参考资料②高等学校—招生—介绍—中国
Ⅳ. ① G647.32

中国版本图书馆 CIP 数据核字（2019）第 288365 号

内容简介

　　高考志愿填报是高三学子升入大学的最后一道关卡，如何筛选出自己合理的院校和专业成为了众多家长的难题。很多同学没经过系统的分析和思考，导致最终的志愿事与愿违。我们编辑此书的目的就是将高考志愿填报方法和信息整理成为一套完整的体系，让学生能够全方位的了解自己所填的志愿。清晰的分析出自己的志愿情况，避免心中强大的落差而在大学迷茫的度过。本书从录取规则、失败案列、学校筛选对比体系、专业筛选对比方法、如何分析自己的考高数据、填报合理案例、大学生活规划等这些方面入手给学生进行讲解和分析，帮助学生掌握填报志愿的方法和思考路线。学生了解之后根据自身情况去考虑个人的填报策略和院校专业筛选。

清晰志愿

出版发行	中国原子能出版社（北京市海淀区阜成路 43 号　　100048）
责任编辑	高树超
装帧设计	河北优盛文化传播有限公司
责任校对	冯莲凤
责任印制	潘玉玲
印　　刷	三河市华晨印务有限公司
开　　本	787 mm×1 092 mm　1/16
印　　张	12.75
字　　数	230 千字
版　　次	2019 年 12 月第 1 版　　2019 年 12 月第 1 次印刷
书　　号	ISBN 978-7-5221-0363-1
定　　价	49.00 元

发行电话：010-68452845

版权所有　侵权必究

目　录

第1章
志愿填报规则

这些问题你都知道吗？

- 问题一：有哪些规则是与考生相关的？

- 问题二：平行志愿、顺序志愿、补报志愿，你能区分清楚吗？

- 问题三：退档与滑档是一个意思吗？

- 问题四：什么是调剂？

- 问题五：院校调档比例有什么用？

- 问题六：各类专项计划有没有区别？

- 问题七：定向招生项目，毕业后会安排工作吗？

- 问题八：你知道少数民族预科班与民族班吗？

- 问题九：加分条件与加分项目，你注意了吗？

1.1 志愿填报规则

　　高考志愿录取是一个在高考志愿填报规则下，有序地进行检索录取的志愿填报过程，不同规则下的检索录取模式不一样。图 1.1 是相关录取规则如图 1.1 所示。

　　各个省（市、区）规则略有不同，考生及家长具体以各省（市、区）高考当年所公布的填报规则为准！

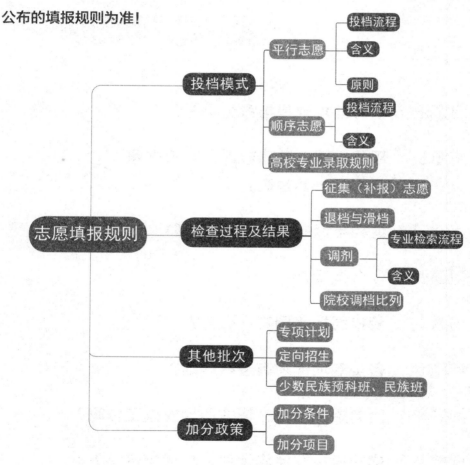

图 1.1　志愿填报规则

　　本书适用于各省（市、区）实行平行志愿投档规则批次。

　　实行平行志愿投档规则的区域，在对考生进行排序时，成绩相同的考生排序规则不同，但排序的实际均涉及位次，故分数优先实际上也是位次优先。

1.1.1 平行志愿

1. 投档流程

下面以 A 考生（位次:856）志愿投档情况为例对投档流程进行说明,如图 1.2 所示。

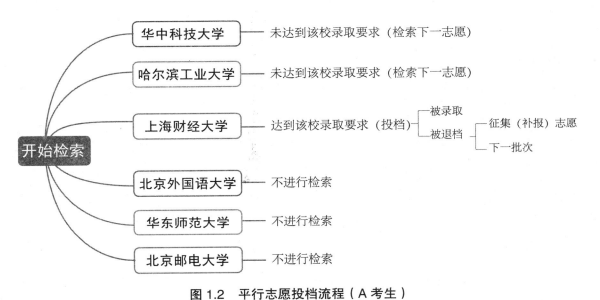

图 1.2   平行志愿投档流程（A 考生）

备注:未达到该校录取要求表示"该院校已满额",达到该校录取要求表示"该院校未满额"。

下面以 B 考生（位次:1 263）志愿投档情况为例对投档流程进行说明,如图 1.3 所示。

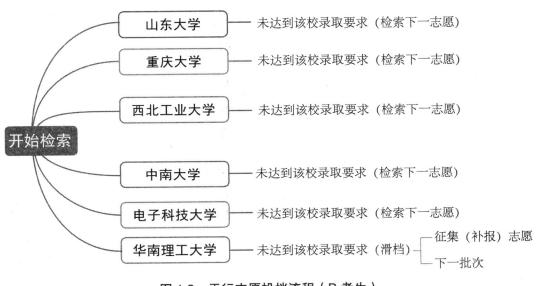

图 1.3   平行志愿投档流程（B 考生）

备注: 未达到该校录取要求表示"该院校已满额"。

提示: 平行志愿模式下，各省（市、区）普通所填志愿院校个数有所不同，具体以各省（市、区）高考当年所公布的填报规则为准，考生需自行查询。例如，2019 年贵州省在普通批次（本科一批、本科二批）可填写 8 所志愿院校；2019 年河南省本科一批可填写 6 所志愿院校，本科二批可填写 9 所志愿院校。

2. 含义

平行志愿是一种投档录取模式，是指考生在填报高考志愿时，可在同一录取批次同时填报的多个并列的院校。录取时，对同一科类（文科或理科）分数线上未被录取的考生按总分从高到低排序进行一次性投档，即所有考生排一个队列，位次（分数）在前者优先投档。每位考生投档时，根据考生所填报的院校顺序，投档到排序在前且有计划余额的院校。

3. 原则

志愿并列

在同一批次、同一投档时间段内可以填写几个并列的院校志愿，这几个志愿之间没有主次之分。

位次优先

对考生分科类进行排序，每一名考生对应一个位次，在投档检索时，先投位次在前的考生。如图 1.2 和 1.3 所示，要先对 A 考生（856）进行检索，待 A 考生的志愿检索完毕后，才对 B 考生（1 263）进行检索。

遵循志愿

假设 A 考生所填志愿院校分别以英文字母 A、B、C、D、E、F 命名排列。投档时，应首先检索 A 院校，如果考生不符合 A 院校的投档条件，那么就检索 B 院校；如果 B 院校仍然不符合要求，再检索 C 院校，当符合 C 志愿院校的条件时，考生的档案就被投入 C 院校中，其他后续院校不再进行检索。

一轮投档

考生的档案只要被投入该批次任意一所志愿院校中，就停止该批次检索，如果考生的档案被高校退回来，即使分数达到后续志愿院校，也不再进行检索。

1.1.2 顺序志愿

1. 投档流程

顺序志愿填报流程如图 1.4 所示。

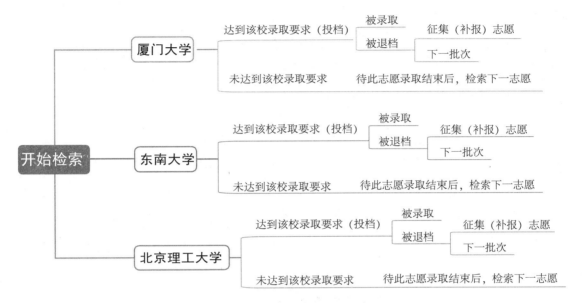

图 1.4　顺序志愿填报流程

备注: 未达到该校录取要求表示"该院校已满额",达到该校录取要求表示"该院校未满额"。

提示: 关于顺序志愿具体在哪些批次实行、每批次可填写几所志愿院校等问题,各省(市、区)有所不同,具体以各省(市、区)当年所公布的填报规则为准,考生需自行查看。例如,2019 年贵州省艺术类梯度志愿本科院校批次可填写 3 所顺序志愿院校,2019 年重庆市普通高校本科提前批可填写两所顺序志愿院校。

2. 含义

顺序志愿是一种"志愿优先、遵循分数"的投档模式,允许考生在同一批次填报多个按顺序排列的志愿。

录取时,凡第一志愿填报相同院校的考生,要遵循从高分到低分的原则按计划比例进行投档;第一志愿录取结束后,才进行第二志愿投档录取;第二志愿录取结束后,再进行第三志愿投档录取,以此类推。

下面以考生 A、B、C、D、E 为例，对顺序志愿进行说明，如表 1.1 所示。

表 1.1 考生志愿填报表

考 生	A	B	C	D	E
分 数	500	515	520	490	485
第一志愿	东南大学	东南大学	东南大学	厦门大学	厦门大学
第二志愿	厦门大学	南京大学	四川大学	上海大学	西南大学
第三志愿	北京理工大学	西南大学	上海大学	四川大学	上海大学

在对 A、B、C、D、E 考生的志愿进行检索时，将第一志愿相同的 A、B、C 考生和 D、E 考生分别进行排序投档，东南大学按照投档比例录取 C、B 考生后，名额已满，A 考生只能等第一志愿录取完成后，再参与第二志愿录取。与此同时，D、E 考生也在进行排序投档，厦门大学按照投档比例录取 D 考生后，名额已满。当开始第二志愿检索时，A 考生也不能被厦门大学录取，只能等第二志愿检索完后，参与第三志愿的检索。

1.1.3 高校专业录取规则

各高校的专业录取规则不同，大体分为分数（位次）优先、志愿专业优先和专业级差三类。考生需查看填报院校的招生简章，从而合理安排专业。

1. 分数（位次）优先

分数（位次）优先是指将所有进档考生按高考分数由高到低进行排序（位次在前的考生先安排专业，位次在后的考生后安排），按顺序检索考生所填报的志愿专业，直到检索完毕，才对下一名考生进行检索。这种模式的特点是保护相对高分的考生，最大限度地满足高分考生的专业志愿。

例如，某大学的电子信息工程专业在某省要招 10 名学生，按分数优先的规则录取。所有填报该校电子信息工程专业的学生，无论将电子信息工程报为第几志愿，都按分数由高到低进行选择，直到招满为止。

2. 志愿专业优先

专业优先是指在进档考生中，首先考虑考生的第一志愿专业，再考虑第二志愿专业，依次类推。这种模式有利于高校学科的均衡发展，缓解各个院系之间生源的不平衡，满足考生专业意愿和职业发展需求。

例如，某大学的电子信息工程专业在某省要招 10 名学生，按志愿专业优先的规则录取。所有将电子信息工程报为第一专业的考生，按分数由高到低进行选择，选够 10 人，录取即结束。如果将电子信息工程专业报为第一专业的学生不够 10 人，则应再从将电子信息工程报为第二专业的学生中，再按分数从高到低进行选择。

3. 专业级差

专业级差是在考生的前后两个专业之间设定一个分数级差，如 3 分、2 分、1 分等。具体来说，院校先将进档考生按分数高低进行排序，首先检索位次排在第一的考生，若该考生第一志愿专业符合专业要求，则被录取，接下来再检索位次排在第二的考生；若该考生第一志愿专业已经满额，则将其总分减去该校预设的分数级差，与后面的同学重新排队，检索到该考生时再检录其第二专业，以此类推。在此规则下，即使是高分考生，其分数优势也可能会随着每次级差分的扣减而逐渐降低。

例如，甲考生 532 分，第一志愿专业为法学，第二志愿专业为汉语言文学；乙考生 531 分，第一志愿专业为汉语言文学，第二志愿专业为法学。

该校设定第一、二专业志愿之间分数级差为 3 分，若甲考生未被法学专业录取，则甲考生的分数需减去 3 分（变成 529 分），参加汉语言文学专业的排序，因现在乙考生分数比甲考生分数高，则在汉语言文学专业录取时，会优先录取乙考生。

A 考生：615 分（不含政策加分），位次 2 300。

B 考生：598 分（不含政策加分），位次 4 135。

C 考生：598 分（含政策加分 10 分），位次 4 136。

若当年 ××× 大学的最低投档位次为 4 190，该校的法学专业最低录取分数为 592，该校安排考生专业时，要求按照不含加分的实际分数进行检索，则 C 考生不能被法学专业录取。

提示：考生一定要查看填报院校的招生简章，避免因一些院校对专业的录取规则与你想象的不同而影响你填写该院校专业的合理性。

 1.2 检索过程及结果

1.2.1 征集（补报）志愿

征集志愿是考生在"落榜"且每个批次录取、退档完成后，有些院校未招满招生计划人数的情况下，各省（市、区）采取的对"落榜"考生再次填报高考志愿采取的录取方式，即组织该批次上线未被录取的考生，按照缺额计划再次填报本批次院校的志愿。征集志愿（有的省将其称为补报志愿）并不是所有的院校都有，通常进行征集志愿的为二本、民办本科院校。在征集志愿时，各院校会根据实际情况调整录取分数线，也就是说录取分数有可能低于第一次录取的分数。有意向参加征集志愿填报的考生，必须重新填报志愿，已经被高校录取的考生，不得申请填报征集志愿。

例如，某高校计划招生 20 个人，第一次投档以后，只录取了 16 个人，还差 4 个名额，这 4 个名额就是需要进行征集（补报）的名额。

1.2.2 退档与滑档

退档

考生档案被投递出去以后，因为不符合条件，造成档案被退回。

在高考录取过程中，某些考生虽然达到所填志愿院校的投档线，但是没有达到所填院校的志愿专业的录取线，且不服从专业调剂，那么这类考生的档案就会被投档的院校退出。某些科目分数、身体条件等不符合所报专业的限制条件，也有可能导致退档。

滑档

考生档案没有投递出去。

高考录取过程中，某些考生在相应批次投档录取结束后，未被任何一所志愿院校提档，就会导致滑档，遇到这种情况的考生，只能进行征集志愿（补报志愿）的填报，或参加下一批次检录。

1.2.3　调剂

1. 专业检索流程

为专业检索流程如图 1.5 所示。

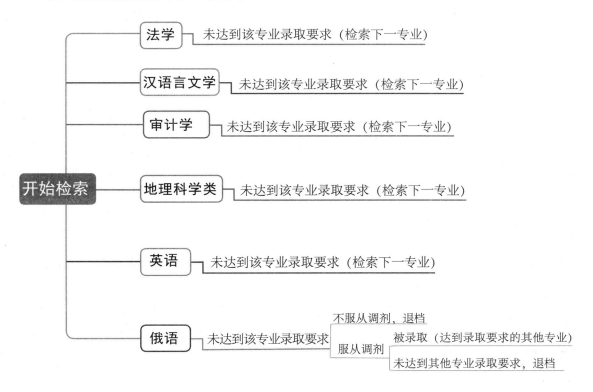

图 1.5　专业检索流程

备注： 未达到该专业录取要求表示"专业已满额"或"不符合专业要求"，达到专业录取要求表示"专业未满额"且"符合专业要求"。

2. 含义

调剂是指考生所填志愿专业未被录取，主动接受被录取到其他专业。如果"服从专业调剂"，那么当所报专业都无法被录取时，可以调剂到该校在同一省份的同一批次招录的其他专业，不会被调到该校未在该省份或其他批次的招生专业。若考生不符合能调剂的其他专业的要求，则做退档处理。如果"不服从专业调剂"，则当所报专业都无法录取时，直接退档。一般情况下只要"服从调剂"，就不会被院校退档。

1.2.4　院校调档比例

调档比例是指院校调阅考生电子档案数与计划招生数的比例。实行顺序志愿投档的批次，调档比例原则上控制在 120% 以内；实行平行志愿投档的批次，调档比例原则上控制在 105% 以内。但也有实行较大调档比例的院校，具体在各院校的招生章程中予以公布。

提示： 在录取过程中，高校一般都遵循投档后不轻易退档的原则，最大程度上确保所有符合录取规则的调档考生能被录取。具体详情可查阅高校当年招生章程或联系高校招生办。例如，2017 年贵州工程应用技术学院特殊教育（文史）专业计划招录 20 人，该校当年的院校调档比例为 103%，因此需要调取 21 个考生的档案，这 21 个考生全都符合该专业的录取规则，最终该校特殊教育（文史）专业实录 21 人。

为了使大家清晰地了解院校调档比例，下面以贵州省和河南省 2019 年部分招生高校平行志愿调档比例进行说明。

表 1.2　2019年部分招生高校平行志愿调档比例（贵州省）

批　次	院校名称	类　别	院校要求投档比例（%）
第一批次	北京师范大学	理工	100
		文史	105
	重庆大学	理工	100
		文史	105
	贵州大学	理工	102
		文史	102
	江西财经大学	理工	105
		文史	105

表 1.3　2019年部分招生高校平行志愿调档比例（河南省）

批　次	院校名称	类　别	院校要求投档比例（%）
第一批次	吉林大学	理工	102
		文史	103
	华东理工大学	理工	104
		文史	105
	天津师范大学	理工	104
		文史	104
	上海财经大学	理工	100
		文史	100

1.3 其他招生批次

1.3.1 专项计划

专项计划分为国家专项计划、地方专项计划和高校专项计划，但各专项计划的招生对象、招生院校及报考条件不尽相同，有报考相应计划的考生和家长要及时关注查看。各专项计划的对比如表 1.4 所示。

表 1.4 各专项计划对比

名 称	国家专项计划	地方专项计划	高校专项计划
招生对象	集中连片特殊困难县、国家级扶贫开发重点县以及新疆的南疆四地州考生	各省（区、市）实施区域的农村考生	边远、贫困、民族等地区县（含县级市）以下高中勤奋好学、成绩优良的农村考生
招生院校	中央部分高校和各省（区、市）所属重点高校	各省（区、市）所属重点高校	教育部直属高校和其他自主招生试点高校
报考条件	①符合高考当年统一高考报名条件 ②本人具有实施区域当地连续3年以上户籍，其父亲或母亲或法定监护人具有当地户籍 ③本人具有户籍所在县高中连续3年学籍并实际就读	具体报考条件由各省（区、市）根据本地实际情况确定，详情可咨询当地招生办	①符合高考当年统一高考报名条件 ②本人及父亲或母亲或法定监护人户籍地在实施区域的农村，本人具有当地连续3年以上户籍 ③本人具有户籍所在县高中连续3年学籍并实际就读

1.3.2 定向招生

定向招生是指在招生时就确定毕业后的就业方向的招生办法，目的是鼓励学生到农村及比较艰苦的地区工作。定向招生的范围涵盖以下几个方面，各省（市、区）具体的定向招生的范围及政策可能有差异，考生及家长需自行关注查看。

中央财政负责安排学生在校期间的学费、住宿费，并发放生活补贴。学生毕业以后须到相关中小学任教（服务期不少于 6 年）。

只招收农村生源，在校学习期间免除学费、住宿费，进补助生活费。重点是为乡镇卫生院及以下的医疗卫生机构培养从事全科医疗的卫生人才。学生毕业后须到有关基层医疗卫生机构服务（不少于 6 年）。

西藏定向生是西藏人才引进的一种方式。国家对注册入学的非西藏生源定向西藏就业学生，在学习、住宿、教材、伙食、军训服装和体检等费用方面给予补助。学生毕业后由西藏负责安排到县以下基层单位工作，服务期原则上不少于 5 年。

1.3.3 少数民族预科班、民族班

少数民族预科班

少数民族预科班是根据少数民族学生的特点，采取特殊措施，着重提高文化基础知识，加强基本技能的训练，为其在高等院校进行专业学习打下良好基础所开设的一种教学班制度。

少数民族预科班录取分数线不得低于高考当年考生所在省（区、市）本科、专科对应批次的各录取高校提档线以下的规定分数。例如，贵州省2019年本科少数民族预科录取分不得低于统招院校投档线下80分，专科不得低于60分。

民族班

民族班是普通高等学校为了更好地利用高等学校的师资、设备等优越条件，为少数民族培养高层次的各类专业技术人才而设立的教学班。

对于民族班录取分数线的设定，各省（市、区）要求不同，一般不得低于考生所在省（市、区）本、专科相应批次的各录取高校提档线以下规定的分数。例如，2019年贵州省民族班录取分不得低于院校统招分数线以下40分。各省（市、区）有需要报考的考生和家长要及时了解关注。

生源限定为当年参加普通高等学校招生全国统一考试的少数民族考生。

此外，还有其他的录取批次，如提前批，艺术、体育类批次，特殊批次，等等，各省（市、区）要求不同，会有一定的差别，各省（市、区）有相应填报意愿的考生和家长，要提前了解关注，以免错过。

注释：

提前批——高考的提前批次比普通批次要早，一般高考结束以后提前批次就开始报名，提前批报了没被录取不会影响其他批次的填报录取。提前批次录取院校包括本科提前录取的部分普通高校、军队【国防生（17 年已取消）】院校、公安院校、司法院校及民航、空军招飞院校。提前批主要为艺术、体育、军事、公安、武警和其他（侦察、治安、法律等）。

特殊批——特殊类型批包括教育部高校专项计划、高水平艺术团等类型的本科招生。

1.4　加分政策

加分条件

符合加分条件的考生如图 1.6 所示。

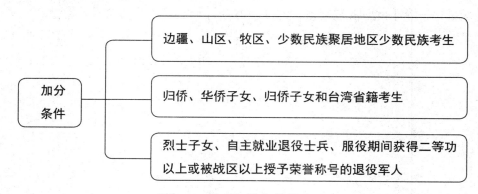

图 1.6　符合加分条件的考生

符合加分政策条件之一的考生，省级招委会可根据本地投档录取办法，在其统考成绩总分的基础上增加相应的政策分数后再投档，由高校根据其录取规则审查后，决定是否录取。

各省（市、区）对各加分条件的加分幅度不一定都相同，如四川省 2019 年各贫困地区少数民族报考本科一批的，有的地区加 25 分，有的加 10 分；贵州省 2019 年有的地区少数民族加 20 分，有的地区加 10 分。高校对加分是否认可不同，有的高校只认可全国性加分，有的全国性加分和地方性加分都认可。

考生若同时满足多项加分条件，则只能取其中幅度最大的一项分值，一般不得超过20分。超出20分的加分项目，原则上只适用于省内高校在本省的招生。高校明确加分上限分值为20分的，按照高校要求执行。

享受加分项目的考生，必须经过本人申报、有关部门审核、省地校三级公示后方能予以认可，未经公示的考生及其加分项目、分值不得计入投档成绩并使用。

因此，各省（市、区）符合加分条件的考生一定要提前了解，避免因错误的理解导致志愿填报失败。

第2章
高考志愿失败案例

这些问题你都知道吗？

　　每年的志愿填报，总有考生会出现高分低就的情况，却又懵懵懂懂不知为何。看到自己被完全陌生的专业录取，大脑会反复问自己，这是我填报的吗？你左等右等，等到了退档、滑档的消息后只能焦急混乱、不知所措。

　　你担心填报进入这些雷区吗？那就带着下面的问题进入本章吧！

● 问题一：什么是志愿梯度不合理？会落榜吗？

● 问题二："愿否服从调剂"与志愿填报失败有多大的关系？

● 问题三：哪些你没有注意的规则，可能会导致志愿填报失败呢？

　　每年高考志愿填报结束，总有考生因为各种原因而志愿填报失败，本章收集整理了高考填报失败的考生案例，并从以下几个方面进行分析（图 2.1），便于考生及家长理解志愿填报中的各种重要细节，避免进入雷区。

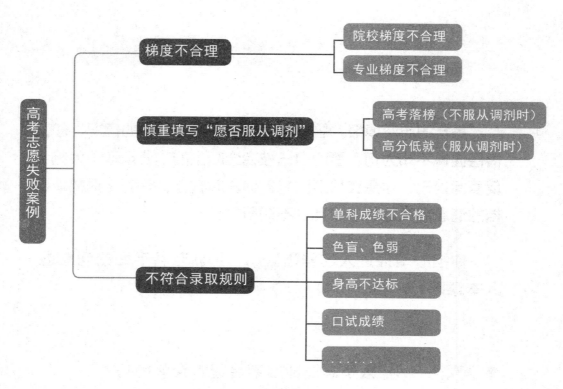

图 2.1　高考志愿填报失败案例类型

2.1　梯度不合理

2.1.1　院校梯度不合理

例如：王某，××省理工类考生，2019 年高考分数为 614 分，所填志愿如表 2.1 所示。

表 2.1　王某志愿表

批　　次	志愿序号	院校名称	愿否服从专业调剂
第一批本科院校	平行志愿1	厦门大学	是
	平行志愿2	天津大学	是
	平行志愿3	南开大学	是
	平行志愿4	中国科技大学	是
	平行志愿5	华南理工大学	是
	平行志愿6	上海财经大学	是

第一批次录取结束后，王某未被任何一所院校录取。经查，这 6 所院校 2019 年的最低投档线分别为 626、621、621、618、616、615。

1. 失败原因

经查，近几年这 6 所院校的投档位次波动不大，且各院校之间的投档位次基本都在同一水平，所以失败原因是未能合理预估院校投档位次，志愿院校之间没有形成合理的梯度关系（考生分数均低于志愿院校投档线）。

2. 注意事项

由于平行志愿实行"位次优先、遵循志愿"的投档规则，因此在填报平行志愿时，院校之间必须保持合理的梯度，即院校投档位次最好不要都比考生位次靠前或是属于同一投档层次，而是要逐级递减的排列（详见第五章填报策略），这样才能增加被录取的机会。

2.1.2 专业梯度不合理

例如：张某，××省文史类考生，2019年高考分数为583分，所填志愿如表2.2所示。

表2.2 张某院校志愿表

批　　次	志愿序号	院校名称	愿否服从专业调剂
第一批本科院校	平行志愿1	上海政法学院	是
	平行志愿2	四川师范大学	否
	平行志愿3	上海理工大学	否
	平行志愿4	山西财经大学	否
	平行志愿5	中南民族大学	否
	平行志愿6	华东交通大学	否

第一批次录取结束后，张某未被任何一间院校录取。这6所院校2019年的最低投档分数为584、581、579、577、575、578。

1. 失败原因

检录张某第一志愿，张某未达到上海政法学院的投档要求，检录第二志愿后，档案被投进四川师范大学（最低投档分数为581分），张某在该校所填志愿专业如表2.3所示。

表 2.3　张某专业志愿表

批　　次	志愿序号	院校名称	专业名称	愿否服从专业调剂
第一批本科院校	平行志愿2	四川师范大学	法学	否
			汉语言文学	
			审计学	
			地理科学类	
			英语	
			俄语	

经查，四川师范大学这 6 个专业 2019 年的录取最低分数为 584、593、589、586、594、585。张某的档案虽被投到四川师范大学，但是没有达到所填志愿专业的要求，且张某不服从调剂，因此未被该校录取只能做退档处理。并且该考生后面的志愿院校均不会再次检录，所以填报失败。

2. 注意事项

在填写志愿时，考生不仅要协调院校之间的梯度问题，也要合理安排每所院校的志愿专业的梯度，即所填专业最好不要都比考生位次高或是属于同一录取层次，而要逐级递减的排列（详见第五章的填报策略），才能增加录取的可能性。

平行志愿实行"一轮投档"，即使张某成绩达到了后面几所志愿院校的投档线，也不能再次被检录。因此，考生要合理选择专业、合理排列专业的顺序。

 ## 2.2　慎重填写"愿否服从调剂"

2.2.1　高考"落榜"（不服从调剂时）

张某未被表 2.3 中所填的专业录取，且不服从调剂，导致退档。如果张某服从调剂，则有可能被该校的其他专业（如教育学 582 分、会计学 581 分、财务管理 567 分）录取。

因此，考生应慎重填写"愿否服从专业调剂"一栏，一旦考生档案被投入该校，如果不服从调剂，在所填专业都无法录取时，就会被退档（与张某情况相同）；如果服从调剂，则有可能被该校其他专业录取。

2.2.2　高分低就（服从调剂时）

例如：李某，×× 省理工类考生，2019 年高考分数为 630 分，被四川大学预防医学专业录取，四川大学志愿专业填报如表 2.4 所示。

表 2.4　李某专业志愿表（调整前）

批　次	志愿序号	院校名称	专业名称	愿否服从专业调剂
第一批本科院校	平行志愿1	四川大学	临床医学（八年）	是
			临床医学（五年）	
			临床医学（口腔）	
			口腔医学（五年）	
			会计学（ACCA）	
			数学类	

经查，以上 6 个专业 2019 年的最低录取分数为 650、634、663、642、642、631。李某未达到所填志愿专业的要求，未被志愿专业录取，因其服从调剂，最终被该校的预防医学（最低录取分为 597）专业录取。

李某在志愿表中一味填写近几年报考较热的医学类、会计、数学类专业，没有合理安排专业，导致最终被调剂。实际上，李某的分数超过预防医学专业的最低录分数取线 33 分，属于高分低就，如果志愿填报合理，完全可以在该校就读一个与自己分数相当的意向专业。

表 2.5　李某专业志愿表（调整后）

批　　次	志愿序号	院校名称	专业名称	愿否服从专业调剂
第一批本科院校	平行志愿1	四川大学	临床医学（八年）	是
			临床医学（五年）	
			微电子科学与工程	
			药学	
			经济学类	
			建筑学	

注： 上述专业分数均为往年相应专业的最低录取分数。

假设将李某所填专业的志愿表调整为表 2.5，其中微电子科学与工程（612 分）、药学（609 分）在往年录取数据中与考生同位分相差不大，经济学类（624 分）、建筑学（607 分）比考生同位分（位次）低。最终，李某会被微电子科学与工程专业录取。

"愿否服从调剂"其实是一把双刃剑，服从调剂一定程度上可以增加被录取的机会，但被调剂专业可能不是考生意向专业或有高分低就的感觉。不服从调剂可能导致退档，只能与同批次的征集（补报）志愿或下一批次的填报或检录。因此，考生要慎重选择"愿否服从调剂"一项。

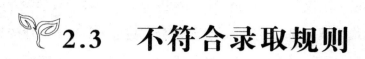

2.3 不符合录取规则

2.3.1 单科成绩不合格

例如：周某，××省文史类考生，2019年高考分数为571分（外语成绩102分），报考北京印刷学院，所填志愿如表2.6所示。

表 2.6 周某专业志愿表

批　　次	志愿序号	院校名称	专业名称	愿否服从专业调剂
第一批本科院校	平行志愿1	北京印刷学院	传播学（国际出版）	否

第一批次录取结束后，周某被北京印刷学院以"单科成绩不合格"为由退档。经查，2019年该校最低投档分数为564分，周某的档案被投进该校。经专业检索，周某的档案被投入传播学（国际出版）专业（该专业2019年的最低录取分569），但该专业要求外语成绩不低于110分，而周某的外语成绩为102分，不符合该专业的录取要求，且周某不服从调剂，所以最终被退档，志愿填报失败。

2.3.2 色盲、色弱

例如：李某（色弱），××省理工类考生，2019年高考分数为488分，报考贵州民族大学，所填志愿如表2.7所示。

第一批次录取结束后，李某被贵州民族大学以"该专业色弱、色盲的考生不能报考"为由退档。经查，2019年该校第一批最低投档分数为486分，李某档案被投进该校。经逐一检索，李某未达到该校法学、会计学、英语专业的要求（满额），不投入这几个专业；学前教育（师范）专业未满额，投入该专业继续审查，因该专业色弱、色盲的考生不能报考，所以最终被退档。

表 2.7　李某专业志愿表

批　次	志愿序号	院校名称	专业名称	愿否服从专业调剂
第一批本科院校	平行志愿1	贵州民族大学	法学	否
			会计学	
			英语	
			学前教育（师范）	

2.3.3　身高不达标

例如：孙某（身高 150 cm），××省理工类考生，2019 年高考分数为 575 分，报考南昌大学，所填志愿如表 2.8 所示。

表 2.8　孙某专业志愿表

批　次	志愿序号	院校名称	专业名称	愿否服从专业调剂
第一批本科院校	平行志愿1	南昌大学	临床医学	否
			麻醉学	
			临床药学	
			护理学	

第一批次录取结束后，孙某被南昌大学以"身高不符合要求"为由退档。经逐一检索，孙某未达到该校临床医学、麻醉学、临床药学专业的要求（满额），不投入这几个专业；护理学专业未满额，投入该专业继续审查，但该专业要求身高 156 cm 以上，孙某身高 150cm，不符合要求，所以最终被退档。

2.3.4　口试成绩

例如：陈某，××省理工类考生，2019 年高考分数为 617 分（未参加任何口试），

报考北京外国语大学，所填志愿如表 2.9 所示。

表 2.9　陈某专业志愿表

批　次	志愿序号	院校名称	专业名称	愿否服从专业调剂
第一批本科院校	平行志愿1	北京外国语大学	计算机科学与技术 英语 金融学 新闻学 法学	否

　　第一批次录取结束后，陈某被北京外国语大学以"没有口试成绩"为由退档。经查，2019 年该校第一批最低投档分数为 614 分，陈某档案被投进该校。经逐一检索，陈某档案被投入法学专业（该专业 2019 年最低录取分数为 617 分），但该专业需口试，陈某没有参加口试，所以最终被退档。

　　除此之外，某些专业对考生性别、身体条件（如视力、左撇子等）、政策加分等有明确要求，因此考生在填报志愿专业时，要注意查看报考院校的招生章程或报考专业的具体要求，特别是有政策加分的考生，一定要查清楚报考院校对加分项目是否认可以及认可分数的上限等，以免因粗心大意而导致落榜。

第3章
院校分析

这些问题你都知道吗？

- 问题一：选择越发达城市所在的院校就越好吗？

- 问题二：不同办学类型的院校都有哪些不同？

- 问题三：什么是"985工程""211工程""双
  一流""985平台"院校？

- 问题四：院校隶属对你毕业后就业会有什么影响？

- 问题五：怎样撩去一些大学的"美名"面纱，避免
  被录取后，存在较大心理落差？

- 问题六：志愿填报时，可以完全参考院校排名吗？
  怎样科学有效地运用院校排名呢？

- 问题七：如何全面了解一所院校，除通过院校
  官网外，还有哪些途径？

3.1 院校分析因素

表3.1是本书选择院校时考虑分析的几个方面，考生及家长可参考使用。

表3.1 院校分析因素

1.地域	2.院校类型	3.办学类型
4.院校属性	5.院校隶属	6.历史沿革
7.基础设施	8.院校排名	9.男女比例

作用：考生可在这九个因素中挑选自己认为最重要的一个或多个，辅助自己筛选、对比出符合自己意向的院校。

3.1.1 地域

在院校的选择过程中，地域是一个至关重要的因素。院校在什么地方，是在发达城市、省会城市，还是地级市？每个城市的发展状况在一定程度上影响着城市内院校的整体水平，往往院校所在城市越发达，学校能够得到的教育资金、社会资源就越多，办学水平也就越高。另外，对于考生来说，就读院校所在的城市可以说是第二故乡，因为考生会在那里学习和生活至少四年的时光，毕业以后还可能会选择在院校所在城市工作。

院校所在城市有多少兼职、实习和就业机会；院校所在城市交通是否便利，会不会导致往返学校之间变得艰难……这些因素时刻都在影响着你，所以院校的地理位置是选择院校时一个不可忽略的因素。此时，就需要考生对我国的城市有一个简单的了解。本节把我国的城市简单地划分为三类：发达城市、省会城市和地级市城市。

1. 发达城市

本书所说的发达城市是指 4 个一线城市（北京、上海、广州、深圳）和 2019 年

15 座新一线城市，依次为成都、杭州、重庆、武汉、西安、苏州、天津、南京、长沙、郑州、东莞、青岛、沈阳、宁波、昆明。

中国很多名校大都位于这些发达城市，如清华大学、北京大学、复旦大学等，并且发达城市的大学数量较多，学习资源较丰富，是众多考生和家长的首选。

2. 省会城市

本书所指的省会城市是除上述发达城市以外的各个省的省会城市，如哈尔滨、合肥、福州、兰州、贵阳等。

我国很多大学都分布在各个省会城市，一般来说，省会城市的经济发展排在所在省中各城市的前列。通常省内所有高校中位于省会城市的大学获得的教育资金、社会资源会更多，学校办学水平也更高。

3. 地级市城市

本书所指的地级市是如保定市、晋城市、徐州市、温州市、泉州市、威海市、黄冈市、遵义市等的地级城市，不包含上述的发达城市和省会城市。

我国也有一些大学分布在地级市，总的来说，与上述两类城市相比，地级市经济发展弱一些，位于地级城市的大学能够获得的教育资金、社会资源有限，这是限制大学办学水平的一个重要因素。

通过上述城市的划分可以发现，大城市的大学机会多、资源多、容错空间大，可增加见识，对未来就业有较大帮助。越发达的城市能够提供兼职、实习和就业的机会就越多；越发达的城市毗邻的名校和普通大学数量就越多，学生也能感受到多样化的校园文化，享受到更丰富的教育资源，开阔视野，增长知识；城市越发达，交通就越便利，出行就更加容易和方便。

但是，往往越发达城市的大学录取分数越高，考生填报志愿时，需要选择符合自身位次的院校，避免出现滑档或退档的情况。另外，越发达的城市的竞争水平、消费水平越高，需要付出的精力和财力也越多，此时，考生及家长需要考虑考生是否有吃苦的毅力和挑战的勇气、自身家庭条件是否能支撑较高生活费用的问题。

3.1.2 院校类型

对于考生来说，符合自己位次的院校不止一所，如果不了解院校的分类，就很难决定该去哪所院校。从报考角度讲，对院校进行分类，主要是为了走对门。不同类别的院校，学科特色差别较大，校园文化氛围等也会有所不同。

按学科范围，我国大学可分为综合类、理工类、师范类、农林类、政法类、医药类、财经类、民族类、语言类、艺术类、体育类、军事类院校等，又可分为综合类、理工类、师范类、专业类四大类，下面对这四大类大学做简单的分析。

1. 综合类院校

综合类大学是指理、文、外等学科比较齐全的普通高校。具有代表性的高校有北京大学、复旦大学、南京大学、南开大学、武汉大学、中山大学、厦门大学、山东大学、吉林大学、四川大学、兰州大学等。

由于综合性大学学科门类齐全、招生专业多，所以在录取时成绩跨度大，专业之间录取情况不平衡，各专业录取分数相差有的高达几十分，假如考生是低分冲院校，很有可能会被调剂到冷门的专业。另外，由于综合类大学学科齐全，办学实力相对均衡，一般要求考生接受自然科学、社会科学、人文科学等多方面知识的通识教育，所以此类院校毕业的学生知识涉及面相对广一些，并且多样的校园文化氛围、广泛的人脉圈会让此类院校毕业生的资源更好。

2. 理工类院校

理工类院校是我国普通高校中专业和招生录取数量、门类最多的一类高校。具有代表性的高校有清华大学、华中科技大学、中国科学技术大学、哈尔滨工业大学、天津大学、同济大学、东北大学、华南理工大学等。

理工类院校分为理科类、工科类。理科专注于研究理论性知识、技能，主要注重理论，培养目标是科研人员；工科在于将理论转化为实践，注重实际应用，更加需要动手能力，培养目标是工程师。

一般情况下，理工类院校的理工类专业较其他类专业办学实力强一些，相应的实验设施更好，研究水平也较高。另外，理工类专业较其他类专业数量更多，所以理工气息相对重一些，校园文化氛围偏重理工科，拥有的各行业人脉圈相对较窄，男女比例不均衡。

3. 师范类院校

师范类院校指以师范教育为主的高等院校。具有代表性的高校有北京师范大学、华东师范大学、南京师范大学、华中师范大学、东北师范大学、湖南师范大学、华南师范大学、陕西师范大学、首都师范大学等。

虽然现在很多师范类院校开始往综合类院校方向发展，开设了许多非师范类专业，但由于教育资源有限，一般非师范类专业办学实力相对弱一些。很多人都认为选择师范类院校就读，毕业后就是当老师，这是师范类院校的录取分数较其他类院校来说相对不高的原因之一。但此类院校师范类专业的办学实力都很强，在教育行业就业更有优势。由于此类院校师范类专业较其他类专业数量更多，所以文科气息相对重一些，校园文化氛围偏重文科，拥有的其他行业人脉圈相对较窄。

4. 专业类院校

本书所说的专业类院校包含农林类、政法类、医药类、财经类、民族类、语言类、艺术类、体育类高校。具有代表性的高校有北京外国语大学、中国政法大学、中国农业大学、中国传媒大学、中央财经大学、北京中医药大学、中央民族大学、北京体育大学等。

专业类院校能够很好地反映出哪些学科是院校的优势学科，这些优势学科在相关行业多数具有很深的历史背景，业内认可度高，对于就业来说更有优势。比如，医药类院校，医药类相关的学科大多是本院校的优势学科，相关的师资力量、科研机构较其他学科更强，在医药行业就业更有优势。由于近几年政法类、财经类和医药类比较热门，录取分数也相应地有所提升。此类学校相对来说学科单一，专业气息更重一些，拥有的其他行业人脉圈相对较窄。

3.1.3 办学类型

每所高校都有不同的办学类型，办学类型不同，某些方面就可能存在一些差异，

这是在筛选院校时需要考虑的因素之一。对此,本书从公办、民办和民办公助、中外合办等方向,对相应的办学类型做简单的介绍,供考生和家长参考。

1. 公办

公办院校是由国家政府支持办的学校,学校资金基本全部来源于国家政府财政拨款。此类学校一般费用比较少,并且有政府的扶助,如西北大学、苏州大学、重庆科技学院、防灾科技学院等都属于此类院校。

公办院校高考招生规模大、录取人数较多,是我国的主体高等院校,大概有1 000多所。一般来说,与民办和民办公助、中外合办两类院校相比,公办院校的学科更加齐全,师资力量更加雄厚,科研机构更多,校园面积更大。

2. 民办和民办公助

民办院校是指国家机构以外的社会组织或者个人利用非国家财政性经费,面向社会依法举办的学校或其他教育机构;民办公助院校指办学性质是公有性质,由政府及教育部门批准办学,但接受民间的资助和辅助的院校。

民办和民办公助院校多是独立学院,是由教育部负责审批的普通本科高校(申请者)与社会力量(合作者)合作创办的进行本科层次教育的高等教育机构,是介于公办高校与民办高校之间的一种新型办学模式,名称多是"××大学××学院",如四川大学锦城学院、南开大学滨海学院、浙江大学城市学院等。

独立学院结合了所依赖的母体院校优良的办学资源和社会优厚的办学资本,拥有独立校区;可以独立招生并颁发自己的学历文凭(毕业证书,部分学校可以颁发母体院校的学位证书);可以独立进行财务核算,按教育成本(或准教育成本)收取学费;在招生政策上,大部分独立学院按照当地的三本线进行录取,生源质量较母体学校相同专业的学生有较大差距;独立学院与母体院校相比,在发展历史、社会知名度、社会认可度、校园环境、文化氛围、硬件设施、就业优势等方面,往往处于弱势。

3. 合作办学

合作办学是指其他教育机构与中国教育机构在中国境内合作举办的以中国公民为主要招生对象的教育机构。有的是开设海外分校,招录两地学生交流学习,如厦门大学马来西亚分校；有的机构合作的是部分项目，如上海中医药大学（中外合作办学）合办的是药学类专业；有的是合办整个机构，如宁波诺丁汉大学、温州肯恩大学。

合作办学的院校或合办的项目在师资、教材和课程设置上，与外校教育资源紧密接轨，有利于学生接受不同的文化教育。特别是与国外有合作的院校，比较重视培养人才的语言素质，所以在招生方面，对学生的口语要求较高。因大多课程实施双语教学，中外合作办学院校更注重英语的应用。

据了解，中外合作办学院校的毕业生的就业去向多为外资企业。中外合作办学或办学项目的招生专业的学习费用往往是国内办学专业的几倍，这对国内普通工薪家庭来说承受不起，所以大多数该类院校的招生人数及录取专业较少，选择该类院校的考生也较少。另外，最近几年兴起国外合作办学热潮，一些院校为了提高自身名气，会与一些国外的三流教育机构合作，然后在国内随便找几个老师上课，完成教学任务，导致教育质量严重下降，考生及家长在筛选院校时一定要多方面查看分析。

3.1.4 院校属性

我国院校发展到现在，都有其独特的院校属性。现有院校常见的属性有"985 工程"、"211 工程"、"双一流"建设工程、"985 平台"等。院校的属性在一定程度上能反映出一所院校的办学实力，查看院校属性能够帮助考生对比筛选适合自己的院校。这就需要考生对院校属性有简单的了解。

1."985 工程"院校

"985"来源于江泽民于 1998 年 5 月在北京大学百年校庆大会上的讲话精神，即"为了实现现代化，我国要有若干所具有世界先进水平的一流大学"。教育部根据这一讲话精神，选择了 39 所国内重点大学，重点支持其创建世界一流大学，简称"985 工程"，如清华大学、北京大学、浙江大学等。

2."211 工程"院校

1993 年，党中央、国务院决定为了迎接新世纪新技术革命的挑战，面向 21 世纪，集中国家和地方各方面的力量，分期分批重点建设 100 所左右的高等学校和一批重点

学科与专业，简称"211 工程"。现在共有 117 所大学被指定为"211 工程"大学，如南开大学、云南大学、兰州大学等。

3."双一流"工程院校

世界一流大学和一流学科建设，简称"双一流"。首批双一流建设高校共计 137 所，其中世界一流大学建设高校 42 所（A 类 36 所，B 类 6 所），世界一流学科建设高校 95 所。双一流建设学科共计 465 个（其中自定学科 44 个）。

4."985 平台"院校

为建设创新型国家，加快推进社会主义现代化建设，国务院决定建设"985 工程优势学科创新平台"项目，又称"特色 985 工程"。该工程主要面向顶尖高水平行业特色型大学，建设世界一流、特色鲜明的行业特色型大学，拥有此常规平台的高校共有 39 所，如长安大学、江南大学、合肥工业大学等。

3.1.5　院校隶属

每所院校都有其相应隶属，隶属是指院校的行政主管部门。我国院校的隶属经历了多次调整，调整后的院校基本分为部属和省属两大部分，部属院校又有教育部直属与其他部委直属之分。不同的隶属反映出国家对院校的扶持力度和重视程度。国家扶持力度越大，重视程度越高，院校的整体水平就越高，升学和就业就更有优势。所以，这是考生及家长筛选院校时需要考虑的一个重要因素。

1.部属

（1）教育部直属

中华人民共和国教育部直属高等院校是指由中华人民共和国教育部直属管理的一批高等院校，是中央部门直属高等学校的重要组成部分。教育部直属的普通高校共有 75 所，其中北京市最多，共有 24 所。教育部直属的多是综合类院校、一流名牌大学、"985 工程"、"211 工程"等院校，如北京林业大学、西安电子科技大学、西南大学等。

（2）其他部委

其他部委中工业和信息化部有 8 所高校，国家民族事务委员会有 6 所高校，公安部有 5 所高校，民用航空总局有 4 所高校，剩余的部委下属大都只有 1 所高校。其他部委院校多是特色鲜明的专业类院校，与其紧密相关的专业，行业认可度高，如北京航空航天大学隶属于工业和信息化部，其航空类专业在工业和信息化部的认可度较高。

凡院校名称中冠以定语的院校多为专业类特色鲜明的院校，如 ×× 科技大学、×× 石油大学、×× 海洋大学、×× 交通大学等。目前，在普通批次（本科一批、本科二批）招生的院校中，有 368 所院校原来隶属于国家部委，这些院校原有的隶属关系就是其现在的行业背景。由于具有特殊的行业历史背景，这些院校的毕业生就业时常常受到国家部委、国有大中型企业及民营企业的青睐和重视，部分院校如表 3.2 所示。

表 3.2　部分新老院校隶属对照表

原电子工业部高校	电子科技大学（"985""211"）
	西安电子科技大学（"211"）
	杭州电子工业大学（现更名为杭州电子科技大学）
	桂林电子工业学院（现更名为桂林电子科技大学）
	北京信息工程学院（现合并入北京信息科技大学）
原邮电部高校	北京邮电大学（"211"）
	南京邮电大学
	重庆邮电学院（现更名为重庆邮电大学）
	西安邮电大学
原水利电力部高校	河海大学（"211"）
	华北电力大学（"211"）
	东北电力学院（现更名为东北电力大学）

原水利电力部高校	华北水利水电大学
	上海电力大学
原兵器部高校	北京理工大学（"985""211"）
	南京理工大学（"211"）
	长春光学精密机械学院（现更名为长春理工大学）
	华北工业学院（现更名为中北大学）
	西安工业学院（现更名为西安工业大学）
	沈阳工业学院（现更名为沈阳理工大学）
	重庆工学院（现更名为重庆理工大学）
原交通部高校	大连海事大学（目前是交通部唯一直属高校，"211"）
	上海海运学院（现更名为上海海事大学）
	重庆交通学院（现更名为重庆交通大学）
原卫生部（含药监局）高校	协和医科大学（依托清华大学）
	中国医科大学
	中国药科大学（"211"）
	西安医科大学（现更名为西安交通大学医学部）
	沈阳药科大学
原财政部（含中国人民银行）高校	上海财经大学（财政部直属第一高校，"211"）
	西南财经大学（中国人民银行直属第一高校，"211"）
	东北财经大学
	江西财经大学
	山东财政学院（现更名为山东财经大学）

原核工业部高校	苏州医学院（现合并入苏州大学）
	衡阳矿冶工程学院（现合并入南华大学）
	抚州地质学院（现更名为东华理工大学）
原司法部高校	西南政法大学
	中国政法大学（"985""211"）
	华东政法大学
	西北政法学院（现更名为西北政法大学）
国家审计署直属高校	南京审计大学
国家税务总局直属高校	长春税务学院（现更名为吉林财经大学）
外交部直属高校	外交学院
国家安全部直属高校	国际关系学院
共青团中央直属高校	中国青年政治学院
原国家海关总署直属高校	上海海关专科学院（现更名为上海海关学院）
国家民航总局直属高校	中国民航飞行学院

2. 省属

在现有的院校中，中央直属院校多是我国高校中的精英，院校占地面积大，学生人数多，师资力量雄厚，教学条件一流，就业率高，具有很好的发展前景。省属院校又称地方所属高校，占全国院校数量的绝大多数，虽然与中央直属院校相比有一定的差距，但省属院校中不乏实力与名气兼具的好大学，如西北大学，其考古学专业全国顶尖，地质学专业全国第三，有 6 个学科进入全国前十，被誉为"中华石油英才之母""经济学家的摇篮"和"作家摇篮"，培养出了一代又一代的各界卓越英才。

3.1.6 历史沿革

在填报高考志愿时，不少考生和家长被一些院校的名字搞得云里雾里。一是面对名目繁多、名称相似的院校，不知校址究竟在哪里；二是无法从一些看似气派、实则模棱两可的校名中看出办学方向和特色，这些院校实则是"家底"不清晰，好像什么都有、什么都强的"大杂家"；三是院校名称鱼目混珠，实则办学水平良莠不齐，许多"后生"之辈掩盖其办学历史和应有的本来面目，混在一些历史悠久、底蕴深厚的老牌名校中，致使一些考生和家长靠猜测、凭感觉来选择，或仅凭院校的地理位置和看似气派的名字来填报，从而进入一些与考生期望不相符的院校，被录取后深感后悔或直觉上当的考生不计其数。对此，撩去一些大学的"美名"面纱，还其真实很有必要，可以给考生正确引导。

清晰把握高校历史沿革和院校变化发展，有助于考生合理填报志愿。在志愿填报的过程中，清晰地了解自己所报学校的历史沿革，才能有的放矢。

中华人民共和国成立以来，我国大学分分合合，经历了多次大的改革。尤其是在21世纪初进行了一次大的调整，这次调整主要是把国家部委所属院校下放到地方或合并进教育部直属，还实行大规模的"合并重组"，形成了很多新的大学。只有了解这些变化，才能真正了解大学的家底，特别是一些原部委所属院校在某些方面有专长，现在仍然被本行业认可，报考这样的大学，能够学到系统的专业知识和技能，就业也相对容易一些。比如，燕山大学原是机械工业部所属的东北重型机械学院，是从哈尔滨工业大学分离出来的院校，机械、材料、电气信息等专业都有很强的实力，行业认可度高。

3.1.7 基础设施

每所大学都有科研机构和图书馆这两个重要的基础设施，这两个地方最能体现出院校的学习气氛。了解一所院校时，可以查询这两点的基本情况。基础设施包含运动设施、交通、食堂、宿舍等，考生考虑这一因素时，不要过度把重心放在生活设施上，因为生活上的困难相对容易克服，而图书馆和科研机构可以让考生有更好的学习条件和机会，只有多学习，多储备知识和能力，才能在毕业后有足够的竞争优势，顺利就业。

1. 科研机构

作为院校的重要基础设施之一，科研机构代表着院校在学科上的研究水平，同时反映出院校有哪些重点学科。科研机构包括实验室、工程研究中心和研究基地等，科研机构的等级有国家级、教育部级、省级、校级等层次。院校可能有一个或多个实验室、研究中心和研究基地，数量越多，等级越高，学校整体水平就越高。

院校若有某一学科的国家重点实验室或国家研究中心，说明院校在该学科的研发水平在国内居于前列，相应的研究设备、实验条件、师资力量和国内外交流能力也较强，无论学生升学还是就业，都有不错的优势。比如，兰州理工大学是一所非"985工程""211工程"的院校，但有一个"省部共建有色金属先进加工与再利用国家重点实验室"，其与有色金属相关的专业在该校所有专业中比较有优势。又如，赣南师范学院是一所非"985工程""211工程"的院校，但有一个"国家脐橙工程技术研究中心"，成立的脐橙学院是我国高校首个脐橙学院，开设了生物科学本科专业，并长期研究脐橙。

2. 图书馆

图书馆是大学又一个重要的基础设施，馆藏资源不仅能反映一所大学的办学水平，还能体现出一所大学的学习氛围，图书馆越大，馆藏越丰富，大学的学习氛围就越好。在大学里，学生的主要任务依旧是学习，具备相应的专业知识和技能是基本要求，但是大学的学习相对宽松，没有老师、父母的监督，难免会有懈怠。此时，一个好的学习氛围能够督促学生学习，培养学生的自律能力。

其一，大学期间会有各种竞赛，如机器人竞赛、数学建模、大学生挑战杯等，这些都需要查阅课外文献，若院校馆藏丰富，学生就不用去其他院校的图书馆或社会性的图书馆。其二，在写毕业论文时，学生需要查阅课外文献，这样才能更好地完成毕业论文。所以，院校若图书馆馆藏丰富，学生就能够学到更多的知识。

3.1.8 院校排名

院校排名是院校排行制作者根据对院校办学的研究，设置若干指标对院校进行排

名，由于院校排行机构选择的指标不同，排名结果也就不同。另外，所有院校排行榜所采用的指标都是在各院校之间能对比的数量指标，重视院校办学的显性成果以及规模、体量。

院校基本按照地域、学校类型和专业三个标签进行排名，虽然院校排名的依据和参照因素不尽相同，调查的范围大小不一，但大都包含院校的实验条件、科研力量、科研成果、优势学科等，也就是说院校排名在一定程度上反映出了院校的办学能力和业内认可程度。需要注意的是，考生及家长不能完全以排名来筛选院校，如很多医科院校由于学科单一，所以排名比很多"211 工程"院校还靠前，但是能单纯地认为一些普通的医科院校就比很多"211 工程"院校好吗？这就代表着好就业、高收入吗？其实，并不是。

此外，由于某些社会机构推出的院校排行榜可信度相对不高，而目前又没有官方制定的排行榜，名次相近的院校之间的排序也不一定客观。因此，考生及家长在选择院校时，可以根据院校特色、师资力量、专业资源等，并结合院校排名，将排行榜中的院校按层级分类，在不同层级中对比筛选院校，比如，排名在 1 ~ 10 的为第一个层级，10 ~ 30 为第二个层级，30 ~ 40 为第三个层级……以此类推，圈定一个选择的范围，比较容易筛选出有意向的院校。

3.1.9　男女比例

部分家长会考虑院校学生男女比例的问题，其考虑的因素主要是孩子的情感成长，大学是一个综合发展的时期，学习和生活共同发展也是很有必要的，男女比例这个问题会对学生的学习和生活、择偶和交流几个方面有影响。

1. 影响学习和生活

（1）在课堂学习中，在男女比例失调的班级里，踊跃发言的往往是优势性别学生，由于男性或女性学生人数较少，他们在学习和发言中往往出现寡言或无言的现象，竞争意识日渐淡薄。

（2）在课后活动中，男生、女生分工协作，有助于学生体会性别意识和角色意识，以及在未来的工作、家庭中找准定位，各司其职。而男女比例失调可能会影响性别意识的养成。

（3）男女比例失调，会导致一些体力竞技性活动难以开展。在活动中，组织者刻意向少数性别的学生提供倾斜性帮助，会导致活动的公平竞争性丧失。

2. 影响择偶和交友

（1）在自我概念的形成方面，也就是学生对"我是一个怎样的人"方面的认识，可能会出现偏差，出现不自信或者过度自信的现象，这两种现象对学生在校和毕业后的发展都是不利的。

（2）从发展心理学的角度来讲，在男女比例失衡的院校，学生有异性交往的需求，却无法实现。久而久之，一方面可能影响性取向，另一方面由于长期不与异性交往，可能在择偶的标准定位、与异性交往能力等方面出现问题。

通过上述两个方面的不同影响可知，男女比例是考生及家长选择院校的考虑因素之一，这就需要考生审视自身是否有交际能力较弱，情感生活比较单一，性别意识、角色意识比较模糊等问题后再慎重选择院校和专业。一般来说，男生比例较高的院校是理工类，女生比例较高的院校是师范类。

 3.2　信息获取途径

一般情况下，考生和家长会通过院校官网了解院校的相关信息，但通常情况下了解到的信息都是正面的，从而缺少对比，不利于考生及家长选择院校。那么，有哪些获取院校相关信息的途径，利于考生及家长平衡院校的正面信息和负面信息，判断专业的强弱呢？

本节分析一些获取院校相关信息的途径，供考生及家长参考。

3.2.1　在读或已毕业的亲朋好友

通过在读或已毕业的亲朋好友了解信息可能是现下比较主流的一种渠道，被咨询的亲朋好友可以通过发朋友圈或微信好友询问的方式产生"关系裂变"，从而获取更多的信息资源，该渠道的信息传递者大都是在读或已经毕业的亲朋好友的同学朋友，且咨询者与第一被咨询人均有一定的熟识度，考生和家长通过此途径获取到的信息可信度较高。

"关系裂变"是以朋友的朋友为发展方向，分散式获取信息的方式。比如，考生和家长想了解安徽大学的院校信息和专业情况，可以咨询读大学或已经毕业的亲朋好友，被咨询的人又可以咨询其在读大学或已经毕业的亲朋好友……通过这种扩散方式，最后可以找到一个安徽本省的人或就读过安徽大学的人，从而在很大概率上获取到该院校有用的相关信息。

虽然此种渠道找到的院校信息可信度较高，但因每个人的人际关系状况不同，不是每个人都能找到相关人咨询，考生和家长要借助其他信息获取途径了解院校信息，完成志愿填报。

3.2.2　贴吧

贴吧是围绕某一个群体建立的交流社区，可以在其中发现问题和回复问题。考生及家长在查找院校信息的时候，可以搜索××贴吧，如吉林大学贴吧、考研贴吧等。

在贴吧里，可以搜索相关搜索词，看其他人的回复信息，了解相关院校的情况，或者自己直接提问，等待其他人的回复。

此种信息获取途径主要通过搜索关键词看到信息，其中有的信息可能已经过时，参考价值较低，而自己提问的方式时效性较差，一般是别人看到了才回复，且回复的内容比较杂，考生和家长不能依赖此渠道，若对某所院校有意向，要尽早搜索、咨询，避免填报志愿时因院校信息片面而有填报落差。

3.2.3　知乎

知乎是连接各行各业的用户，为中文互联网源源不断地提供多种多样的信息网站，是一个用户分享彼此的知识、经验和见解的网络问答社区。考生和家长在浏览器搜索知乎或下载"知乎"APP，在平台上输入想要了解的问题，就可以查看到各种与问题相关的回答，可以参考里面有用的内容，辅助完成志愿的填报。

该平台的内容相对来说比较客观，但内容大都是个人分享的知识、经验和见解等，分享内容受分享人所处环境、分享时的心情、看问题的角度等的影响，分享的信息有正面的，也有负面的。还有的分享者会因自己讨厌某个专业或反感某个专业行业的工作，分享的信息比较片面或极端，考生和家长参考此类信息的时候，不要因为别人片面或极端的信息就轻易放弃或选择某个院校和专业，要主观分析过滤，客观地认识想要了解的院校或专业信息。

3.2.4　论坛

论坛是一个和网络技术有关的网上交流场所，是一个互联网发展下的产物，不同类型的论坛都有其不同的特点与受众。比如，院校论坛具有极强的互动性和娱乐性，在院校论坛上能够获取较多的信息，能够更好地了解院校的方方面面。

此种渠道的信息是由形形色色的社会人员发布的，发布者有个体差异，会造成发布的内容真实性存疑，呈现差异化，还会充斥各种负面信息，如某些诈骗信息、垃圾广告等。考生和家长通过论坛获取信息时，需要理性判断、客观认识后再选择有用的信息，同时要提防各种不怀好意的人，以免上当受骗。

3.2.5　百度、360、谷歌等浏览器

百度、360、谷歌浏览器是三大搜索引擎，在这些搜索引擎上，可以搜索或进去不同的官方平台，查看到考生和家长想要看到的信息。

在浏览器中搜索院校，除了可以找到院校官方网站查看院校信息外，还可以进入百度百科或 360 百科等平台，查寻参考有用的文字及视频等信息，辅助自己选择院校，完成志愿填报。

在浏览器中搜索某院校排名或某专业排名，可以看到各种院校排行榜，如进入校友会网，可以查到各类大学的大学排名、学科排名、专业排名、世界排名等信息，考生和家长可参考以辅助完成志愿的填报。

该途径搜索会根据用户使用智能推送一些广告信息或无用信息，信息广泛而杂乱，搜索者不易找到想要的信息，考生和家长在使用时要提前查看，耐心过滤、筛选、分析，客观综合各类有用信息，辅助完成志愿填报，进入有意向的院校或专业。

第4章
专业分析

这些问题你都知道吗？

● 问题一：选择专业时，需要分析、考虑哪些因素？

● 问题二：如何了解自身职业兴趣并选择相关专业？

● 问题三：假如你有了意向学校，该如何选专业呢？

● 问题四：假如你有了意向专业，该如何选学校呢？

● 问题五：你知道哪些专业人气较高？文理科一样吗？

4.1　专业选择因素

选择专业需要考虑较多方面的因素，表 4.1 总结了部分选择专业常考虑的因素，考生及家长可参考使用。

作用：在以下 12 个因素中，考生可以根据自己对各个因素的看重程度和符合程度，挑选一个或多个因素，辅助自己分析、对比、筛选出符合自己意向的专业，完成志愿填报（图 4.1）。

表4.1　专业选择考虑因素

1.就业面	2.工作性质及内容	3.工作环境
4.专业技术性	5.考研	6.职业兴趣喜好
7.专业未来发展潜力	8.公务员、事业单位、国企招考	9.地域就业差异
10.家庭资源	11.易混淆专业	12.专业排名

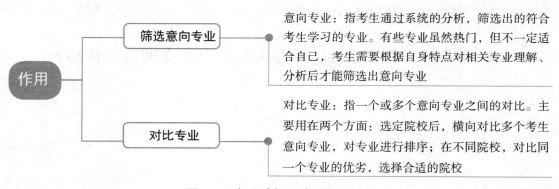

图 4.1　专业选择因素分析作用图

4.1.1　就业面

就业面是指涉及的行业与社会人才需求量的一个综合表现。就业面相对广的专业，人才需求量大，可选择行业较多，就业压力相对较小。有一部分专业就业会涉及多个行业，如会计专业、计算机专业、法学专业、汉语言文学专业等，这些专业的人才在各个公司和政府部门都需要，就业面比较广，选择这些专业，毕业后就业压力相对比较小。当你不知道学什么专业的时候，可以考虑选择这些就业面广的专业。如何考虑就业面？考生可以从专业相关的工作岗位或者行业进行分析，可借助"信息获取途径"获取想要了解的信息。

4.1.2　工作性质及内容

了解专业有哪些对口的工作以及其工作性质和内容，是分析考生适不适合所选专业的因素之一。

例如，计算机专业毕业后大多在企业工作，会经常加班写代码，女生如果想选择计算机专业，就要考虑能否接受这样的工作强度的问题。

例如，药物制剂专业毕业后，其工作有销售、药企、医院药剂师等方向，其中销售有渠道销售和实体销售，渠道销售是为药企把药品或医疗器械销售给医院、实体药店等医药机构，实体销售是在药物销售门店中为患者进行药物搭配或为患者推荐药物，就业机会较多，而在药企从事 QA/QC 等工作，或在医院从事药物调配等工作，因这类方向的人才需求量较少，故就业机会较少。

4.1.3　工作环境

不同的专业，其相关工作的环境会有区别。有的专业对应的工作几乎都是在办公室办公，环境比较舒适，如"会计学""行政管理"等专业；而有的专业对应的工作条件相对艰苦，要长期加班或经常出差，个人可支配时间较少，如可能要往返建筑工地和办公室的工程类、建筑类等的专业，相对来说，比较适合较能吃苦的男生报考。

4.1.4　专业技术性

技术性越强的专业，其含金量越高，就业越容易，待遇越优厚，越有竞争优势，就发展的趋势而言，技术性人才在未来是非常吃香的。比如，临床医学、口腔医学、计算机、金融等技术性较强的专业，其他专业的学生不能轻易跨入这类专业所对应的行业与

之竞争。大多技术性较强的专业都需要考研或者留学深造，本科阶段大多是培养学生的综合素质，使其具备理论基础和基本素养，即本科阶段学到的大多是基础而广泛的知识。当然，一些一流大学的学生会因为学习环境、学习氛围、师资力量等的不同而学到不同层面的知识。所以，家长和考生在选择专业时也应考虑专业技术性这一因素。

4.1.5　考研

专业选择与考生考研是有直接关系的，在每年考研人数逐渐增加的趋势下，考研会成为大多数考生的选择。考研主要分为三类：①考本专业研究生；②考相近专业研究生；③完全跨专业考研。第一类，因为考研科目与自身专业相关，有扎实的专业知识，考研相对容易；第二类，因考研内容中某些课程与学习的专业有交叉，有一定的专业知识，考研难度中等；第三类，因为考研的内容需要从零基础开始学习，而且有的导师不接收跨专业考研的考生，这类考研风险较大，难度最大。所以，大家在选择专业时一定要考虑将来考研难易程度等因素，多向亲戚朋友咨询了解，尤其是向具有考研经历的人咨询，也可多查询考研相关资料，再结合自身兴趣爱好选择。有很大一部分考研专业是很枯燥的，这也是考生选择专业时要考虑的因素。此外，不同的考研专业对英语水平的要求不一致，考生要调查所选专业对考研英语的要求（如分数线、口试等），看自己的英语水平能否通过学习达到此要求，尤其是英语成绩较差的考生，一定要慎重选择对英语要求较高的考研专业。

4.1.6　职业兴趣喜好

每个行业都存在金字塔，每个行业金字塔上段的那部分优秀者自然前途辉煌，下段的普通人较多且竞争优势较弱，兴趣爱好则是走向金字塔上段的原动力之一。

如何在一个喜欢的专业和一个不感兴趣的热门专业之间进行选择呢？

"职业兴趣"便是一个值得家长和考生思考的问题。比如，性格较内向的考生比较适合选择毕业后从事科研类等工作的专业；性格较外向的考生比较适合选择毕业后从事销售类等工作的专业。

如何测试自己的职业兴趣方向呢？

现在用得比较多的是霍兰德研究出的"霍兰德职业兴趣测评"。霍兰德认为，个人职业兴趣特性与职业之间应有一种内在的对应关系，根据兴趣的不同，人格可分为调研型（I）、艺术型（A）、社会型（S）、企业型（E）、常规型（C）、技术型（R）六个维度，每个人的性格都是这六个维度不同程度的组合。在这六种类型中，有些类型占比较大，有些类型占比较小。

图 4.2 是某位考生的职业兴趣测评结果，该考生企业型最为突出，次之是社会型。

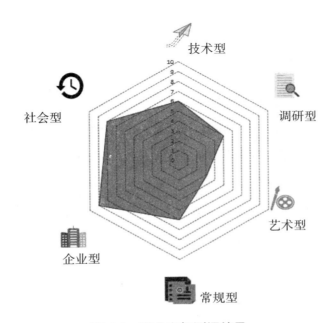

图 4.2　职业兴趣测评结果

以下是企业型和社会型这两种类型的简介：

企业型（E）：追求权力、权威和物质财富，具有领导才能；喜欢竞争，敢冒风险，有野心、抱负；为人务实，习惯以利益得失、权利、地位、金钱等来衡量做事的价值，做事有较强的目的性。代表性职业：一般要求具备经营、管理、劝服、监督和领导才能，以实现机构、政治、社会及经济目标的工作，并具备相应的能力，如项目经理、销售人员、营销管理人员、政府官员、企业领导、法官、律师。

社会型（S）：喜欢与人交往，喜欢结交新的朋友，并且善言谈，愿意教导别人；关心社会问题、渴望发挥自己的社会作用；寻求广泛的人际关系，比较看重社会义务和社会道德。代表性职业：喜欢与人打交道的工作，能够不断结交新的朋友，可以从

事提供信息、帮助、培训、开发或治疗等方面的工作，并具备相应的能力，如教育工作者（教师、教育行政人员）、社会工作者（咨询人员、公关人员）。

总结：根据以上初步分析，建议其考虑师范类、法学类、金融、管理类等专业。

4.1.7　专业未来发展潜力

未来潜力也是选择专业需要考虑的一个要点。例如，现在谈论的"人工智能""新能源""5G"等话题会将我们带入新的领域，因为是新领域，人才需求量大，所以第一批这类专业毕业的考生含金量较高，就业压力较小。随着民办教育的兴起和家庭收入的提高，政府和家庭都会加大对子女教育的投入，如最近几年兴起的3～5岁的幼儿英语教育、智力开发教育、艺术类教育等都能够印证政府和家庭对子女教育成本的加大投入，使有些师范类专业毕业的学生有不错的发展前景。

目前，社会上有许多对不同专业应届毕业生的薪资水平的统计数据。在志愿填报时，这些数据会受到许多考生和家长的极大关注，将其作为选择专业的主要依据，片面地认为薪资水平越高，专业越好，这是有些专业成为所谓"热门专业"的重要原因之一。

其实，每个专业对应行业的薪资水平不仅受自身固有特性的影响，还会受地域、垄断情况、行业变革更替等多方面的影响，可能其中某一因素比较突出就会导致薪资水平变高，但若个人能力很弱，其他因素无论怎样有利，薪资水平也不会高。

所以，相比之下，考生在选择专业时，也应充分考虑社会的发展、未来社会各方面人才的需要、薪资待遇等因素，避免选择人才需求已经饱和的专业，而错过更适合自己的专业。

未来发展潜力可能比较好的专业有人工智能、计算机科学与技术、机械工程、自动化、法学、广告设计、英语（师范类）、金融学、电子信息、新闻传播学、力学、土木工程、建筑学、水利工程、交通运输工程、电气工程、船舶与海洋工程、航空航天、核工程等。

4.1.8　公务员、事业单位、国企招考

有些考生可能在毕业后选择公考（公务员、事业单位以及国企），这一类考生的

专业选择就尤为重要，选择一个涉及面较广的公考专业，上岸的可能性就越大。从2019年公务员和事业单位考试来看，"法学类""经济学类""临床类"等专业招考岗位及岗位人数较多，选择这些专业的考生毕业后公考相对来说竞争较小，而选择像"宝石鉴赏"这种几乎没有招考岗位的专业，大多只能报考"三无"职位，这样的"三无"职位报考限制条件少，报考人数多，一些岗位的竞争比例达到千位以上，竞争很大。

公考中，公务员考试难度是最大的，其次是事业单位、国企招考。

公务员是各国负责统筹管理经济社会秩序和国家公共资源，维护国家法律规定贯彻执行的公职人员。公务员各方面的待遇都是很不错的，但是考试竞争激烈，难度大。

事业单位是指由国家行政机关举办，受国家行政机关领导，没有生产收入，所需经费由公共财政支出，不实行经济核算，主要提供教育、科技、文化、卫生等活动的非物质生产和劳务服务的社会公共组织。事业单位接受政府领导，各方面待遇也十分不错，相对考公务员来说，事业单位考试竞争较小，难度较小。

国企是指代表国家履行出资人职责的国务院和地方人民政府所属国有独资企业、国有独资公司以及国有资本控股公司，包括中央和地方国有资产监督管理机构和其他部门所监管的企业本级及其逐级投资形成的企业。其招考的人员主要是在企业内从事特定的工作，一般情况下对专业有限制，但待遇很不错，相对公务员或者事业单位来说，竞争较小，不过大多数企业工作人员的工作时间较长，个人可支配的时间较少。

毕业后选择回家乡参加公考的考生，特别是地级市或者县城的考生，在选择专业时，要多关注所选专业的公考情况，选择涉及面较广的公考专业，以减少未来公考报考的竞争压力。

4.1.9 地域就业差异

地域对就业影响非常大，每个地方都有各自的发展特点。

首先，看考生所选专业在县城的就业方向。如果是经济发展水平较低的县城区域，因企业较少，主要就业方向多是当地的政府部门、事业单位、国企，考生如果以后想回县城发展，就需要了解上述几个就业方向的招考情况后，再考虑所选专业是否适合自己。

其次，看考生所选专业对应的企业分布特点。例如，某些金融类、电子类等专业

的毕业生，在发达城市（杭州、武汉、天津等）才能更好地选择专业对口的工作，才能有较好的发展空间。考生需要分析所选专业的工作局限性，再考虑所选专业是否适合自己。想离家近，又想要一份与专业对口的工作，这两者大多是不可兼得的，需要有所取舍才能更好地选专业。

最后，看所选专业的地域性。例如，几乎每个省份都开设了研究学习的对象基本是本省的作物的农学专业、与本省企业发展相关的纺织学专业等。选择这类有一定的局限性的专业，毕业后想到其他区域对口就业比较不易，所以考生需要分析所选专业的就业地域性，再考虑所选专业是否适合自己。

毕业后选择回到家乡就业的考生在选择专业时，要考虑所选专业在自己的家乡或自己想定居的地方是否好就业的问题。因为不同的地域，就业会有差异，只有选择合适的专业，才能尽可能地减少毕业后选择工作的烦恼。

4.1.10　家庭资源

家庭资源在某些方面会对考生的就业有一定的帮助，如考生家有自己的公司、考生的父母或者亲戚朋友在某一个行业就业并且有一定的成就，那么考生选择了相关的专业，其家庭资源可以在知识、经验、技能、人脉等方面为考生提供帮助，有的还可以由其父母或者亲戚朋友带入职场，从而在专业相应行业就业，或轻松进入其他行业。考生毕业后，不用面临严峻的就业问题。

4.1.11　易混淆专业

有的专业名称相似，但学习内容、研究方向、侧重点等可能大相径庭，考生切勿对专业名称望文生义，要深入了解所选专业的专业特征，区分清楚易混淆的专业后再填报志愿。

有的专业虽然名字不同，但实际上是同一门学科，如计算机工程，也称为电子和计算机工程或计算机系统工程，其学习的内容都是电气工程和计算机科学。

有的专业虽然是同一门学科，但侧重方向不一样，如英语、商务英语这两个专业，英语专业培养具有扎实的英语语言基础和比较广泛的科学文化知识，能在外事、经贸、文化、新闻出版、教育、科研、旅游等部门从事翻译、研究、教学、管理工作的英语高级专门人才，本专业学生主要学习英语语言、文学、历史、政治、经济、外交、社会文化等方面的基本理论和基本知识，受到英语听、说、读、写、译等方面良好的技巧训练，具有较好的素质和较强的能力。商务英语专业是商务和英语的结合，商务英语的课程是在提高学生水平的基础上，增加商务方面的培训，强调英语在商务方面的应用。例如，如何在不同场景的商务工作中解决问题，如何和外国人合作，了解外国人工作的方式方法以及他们的生活习惯，等等。英语专业较商务英语专业而言，虽然学习的是一个大方向，但前者学习范围较广，学习内容较多，而后者学习的内容较偏商务，在商务模块较精。

有的专业虽然名字相同，但因为院校研究方向不同，其侧重的方向也不同，如西南交通大学的"交通运输"偏重于"轨道交通"，而大连海事大学的"交通运输"偏向于"航海技术"。

还有的专业虽然名字相同，但因为侧重点不同，所授予的学位也不同，如复旦大学的电子工程专业属于理科类，毕业后被授予的是理学学士，而上海交通大学的电子工程专业属于工科类，毕业后被授予的是工学学士。

此类专业哪个更好，要根据考生自身情况和院校专业侧重方向综合考虑。比如，在经贸大学读商务英语可能就比英语专业强，而北京外国语大学的英语专业可能就比商务英语专业强，考生可以根据前面讲解的专业分析板块要点进行分析，选择适合自己的专业。

4.1.12 专业排名

某些成绩比较好的考生在选择专业时，对专业的要求可能较高，此时专业排名就是很重要的参考依据。所选专业在全国同类专业中排名靠前或在院校专业排名中靠前，其拥有的教学资源相对较好、被学校重视的程度较高等因素对考生毕业后的就业或继续深造有较大帮助。当然，这些专业排名靠前的院校的录取位次相对是比较靠前的，考生选择此类专业时，要考虑考自身位次与排名靠前的专业所对应的录取位次是否相符的问题。

4.2 专业分析实例

4.2.1 理科专业分析实例

临床医学

（1）就业面

①在医疗卫生单位、医学科研等部门从事医疗及预防、医学科研等工作。

②在基层卫生院从事常见病、多发病的医疗诊治工作，并能承担预防保健、卫生宣教等工作。

③在医学院校从事辅助教学等各项工作。

临床医学专业的学生毕业后就业面较广，但一般的工作单位要求较高，对学生的操作能力有较严格的要求，且多数要求研究生及以上学历。

（2）工作性质及内容

在医疗单位的工作内容是根据病人的临床表现，从整体出发结合研究疾病的病因、发病机理和病理过程，进而确定诊断及安排手术等。工作强度较大，会有夜班，多为脑力和体力劳动，比较辛苦，个人可支配时间少。

在医学院校工作的内容主要是辅助教学管理等。

（3）工作环境

大城市医疗单位、医学院校、科研部门的工作环境较舒适、安逸，而经济发展较落后地区医疗单位的工作环境条件相对艰苦。

（4）专业技术性

该专业的毕业生要通过预防和治疗疾病最大限度地消除疾病，减轻病人痛苦，恢复病人健康，保护劳动力，需要直接面对疾病、病人，对病人直接实施治疗，因此专业技术性较强，被替代的可能性较低。

（5）考研

因该专业考研分内科学、外科学方向，继续学习后会有更强的技术性，且几乎所有医院对此专业应聘者都要求有研究生及以上学历，所以大多数该专业的学生都选择了考研。

（6）职业兴趣爱好

考生根据自己的喜好，再结合"霍兰德职业兴趣测评"的结果，综合考虑自己对该专业是否感兴趣。此专业比较适合"调研型"的考生报考（调研型：抽象思维能力强，求知欲强，肯动脑，善思考；喜欢独立的和富有创造性的工作；考虑问题理性，做事喜欢精确，喜欢逻辑分析和推理，乐于不断探索未知的领域）。

（7）专业未来发展潜力

目前，由于高等医学院校扩大了招生规模，该专业毕业生的总量明显增加，导致由供不应求变为供过于求，竞争日趋激烈，就业难度日益加大。绝大多数医院的发展重点不在扩大规模方面，而急需的是具备一定资历的专业人才，大量接收应届毕业生的状况将不存在。而且，现在不少医院都要求求职者具备复合能力，不仅要熟识外科，做过多例手术，还要具备内科或者专科（专门的科室）的工作经验。

近几年兴起的整形外科求才若渴，同时一些传统意义上比较小却很实用的专业，如眼科、口腔科、耳鼻喉科等对人才的需求也在持续增长，加之医疗制度改革的不断深化，民办医院将会得到更多的支持，有更好的发展。

（8）公务员、事业单位、国企招考

此专业可报考公务员的岗位较少，只有少数医药卫生部门需要这方面的人才，招考主要集中在事业单位（医院）。

（9）地域就业差异

各个地区都有医院，地域就业差异较小，只是大部分学生都会在本科就读的院校读研深造，研究生毕业后留在该院校的附属医院工作（考生考虑报本省还是外省医学院校需要综合评判，院校之间有所差异，需要多方面考量了解后做决定）。

（10）家庭资源

有该专业资源的考生，选择了该专业，父母或亲朋好友会在知识学习、技能运用上给考生帮助，传授经验，让考生学习或工作起来更加容易；家里有诊所或开设医院，考生在寒暑假可以更好地参与实践，扎实相关知识，对毕业后的就业有一定的帮助。

（11）易混淆专业

中西医临床医学、临床医学（5年制）、临床医学（5+3）。

（12）专业排名

临床医学专业是医学学科下的临床医学类下属专业，根据教育部学位与研究生教育发展中心最新公布的第四轮临床医学学科评估结果可知，在全国60所开设该专业的院校中，排名靠前的4所院校是上海交通大学、浙江大学、北京协和医学院、复旦大学，考生可以根据自己的成绩，依次筛选专业在院校中排名靠前且符合自己位次的院校。

（13）总结

该专业的优势是专业技术性比较强，经验越丰富越有竞争优势，比较适合"研究型"的考生报考（对考研深造、工作环境、工作时间不反感，性格内向）。如果考生不属于这一类型，家长又希望其报考此专业，那么家长一定要做好思想疏导工作，让孩子自愿接受此专业，否则即使孩子选择了此专业也会学得毫无兴趣。

4.2.2　文科或文理兼收专业分析实例

会计学

（1）就业面

该专业应届毕业生一般很难找到会计类的工作，但有一定经验的毕业生的就业面是很广泛的，有以下这些工作：

①在各类工业企业、商品流通企业、服务业、金融保险机构等部门做跟单、仓管、出纳、会计、财务等工作。

②进银行，做柜员、客户经理等工作。

③去会计师事务所和税务师事务所做会计师助理，从事代理记账、会计咨询服务、出纳、会计核算、纳税申报、内部审计、财务管理、物资管理工作。

（2）工作性质及内容

相关工作属于智力型劳动，如出纳、会计核算、纳税申报、内部审计等。

（3）工作环境

会计学专业毕业生的工作环境相对来说都不错，办公环境比较舒适。

（4）专业技术性

该专业的专业技术性较弱，具有高中毕业证的人都可报考会计初级。事业单位及大型企业招聘会计人员时，要求应聘者会实操、持有相关证书和会计专业毕业证，而绝大多数小企业招聘会计人员时，要求会实操并持有会计证书或只要求会实操。现在社会上小企业占大多数，这些小企业中的会计人员被替代的可能性较大。

（5）考研

在社会上磨砺比在学校里学专业知识更有用，只有进入真实的工作中，才能增长实践经验，才能体会到会计对实际操作的重视程度，所以选择会计学专业的学生很少选择考研，当然想要有较高学历的考生除外。考生如果今后想从事会计行业的工作，应该着重关注会计职称考试或注册会计师考试的信息，若有更好的资源，出国读研也是一个不错的选择。

（6）职业兴趣喜好

考生根据自身的喜好，再结合"霍兰德职业兴趣测评"的结果，综合考虑自己对该专业是否感兴趣。此专业比较适合"传统型"的考生（传统型：喜欢要求注意细节、精确度，有系统、有条理，具有记录、归档、根据特定要求或程序组织数据和文字信息的职业，并具备相应能力。例如，秘书、办公室人员、记事员、会计、行政助理、图书馆管理员、出纳员、打字员、投资分析员）。

（7）专业未来发展潜力

具备一定的专业知识（经济、管理、会计以及法律方面的知识等）和工作能力的会计学专业毕业生，可以在有会计专业相关职位的各企业、政府部门、事业单位、银行等找到对口的工作，就业前景比较理想。

（8）公务员、事业单位、国企招考

该专业是报考公务员、事业单位、银行考试的一个热门专业，每一年的公务员和事业单位报考中，需要招录会计学专业的单位很多，毕业后想直接参加公考的考生，此专业是不错的选择。

（9）地域就业差异

几乎无地域就业差异。

（10）家庭资源

有该专业家庭资源（会计师事务所、投资理财公司、代理记账公司等）的考生选择了该专业，会在就业技能的锻炼、相关工作流程的适应、人脉资源的获得等方面得到不同程度的帮助，毕业后就业相对容易。

（11）易混淆专业

财务会计教育、工商管理、财务管理、审计学。

（12）专业排名

会计学专业是管理学学科下工商管理类下属专业，根据教育部学位与研究生教育发展中心最新公布的第四轮工商管理学科评估结果可知，在170所开设该专业的大学中，排名前四的学校是中国人民大学、清华大学、上海交通大学、中山大学，考生可以根据自己的成绩，依次筛选符合自己位次的专业排名靠前的院校。

（13）总结

该专业就业面广，地域差异小，实操要求高，在公考方向上有一定的优势（要求会计专业）。缺点是专业技术性较弱，特别是小企业就业这一方面，若考生分数不够，读不了此专业，也可利用空余时间学习会计知识，考取会计证书，为以后增加一项技能。

4.3 往年人气较高的部分专业

2019 年部分文理科人气较高专业如表 4.2 所示。

表 4.2 往年部分文理科人气较高专业

理科专业		
1.土木工程	2.机械设计制造及其自动化	3.电气工程及其自动化
4.临床医学	5.电子信息工程	6.计算机科学与技术
7.通信工程	8.自动化	9.建筑学
10.信息与计算科学	11.信息管理与信息系统	12.车辆工程
13.工程管理	14.数学与应用数学	15.软件工程
16.应用化学	17.金融学	18.数字媒体技术
19.会计学	20.经济学	21.英语
22.财务管理	23.财政学	24.新闻学
25.审计学	26.麻醉学	27.口腔医学
文科专业		
1.会计学	2.金融学	3.税收学
4.经济学	5.英语	6.财务管理
7.财政学	8.法学	9.汉语言文学
10.新闻学	11.审计学	12.商务英语

以上列举的是往年关注度比较高的部分文理科专业，仅供参考（考生可在专业招生目录中查找其他自己认为好的合适自己的专业）。考生选择时要根据自身需求选择适合自己的专业，不能盲目跟风，要实际查询佐证。可根据前文 4.1 节所述的几个方面进行分析，筛选出适合自己的专业，再结合下文 4.4 节所述，筛选出适合自己的院校或专业（上表中专业为随机排列，先后顺序不代表人气指数的高低）。

4.4 筛选院校专业

4.4.1 有意向专业选院校

考生有了意向专业却不知道选择哪所学校时，就可以借助院校专业排名进行选择，有的考生意向院校不在排名榜上，就需要考生查询该院校意向专业的资源后再进行选择。考生及家长可以从院校的师资力量、学科实力（意向专业是否是重点学科，是否有博士点、硕士点等）、硬件设施（专业所对应的研究平台、实验室、图书资源等）等方面逐一进行分析。

以下是某考生以药学为意向专业，对比 A 中医药大学和 B 中医药大学综合实力的情况。

A 中医药大学硬件设施

◆科技部国际科技合作基地 1 个

◆国家中医药管理局中医药国际合作基地 1 个

◆国家中医临床研究基地 2 个

◆国家中医药管理局重点研究室 2 个

◆国家中医药管理局三级实验室 6 个

◆省重点实验室 5 个

◆……

◆各类图书 162 万册，中外文期刊 3 383 种，中外文数据库 113 种，馆藏的中医线装古籍文献尤为丰富，收藏量居全国中医药院校前列

B 中医药大学硬件设施

◆国家级工程技术研究中心 1 个（共建），国家药物临床研究基地 1 个

◆国家中药材产业技术体系试验站 1 个

◆省部级重点实验室 5 个

◆……

◆各类纸质文献 52 万余册，电子图书 41 万种（册），总馆藏量达 93 万

A 中医药大学师资力量

◆专任教师 1 175 人，省优秀专家 33 人

◆硕士生导师 584 人，博士生导师 80 人

◆国医大师 3 人，全国名中医 3 人，省名中医 31 人

◆国家万人计划百千万工程领军人才 1 人

◆百千万人才工程国家级人选 3 人

◆岐黄学者 4 人，中原学者 2 人

◆中医药高等学校教学名师 2 人

◆享受国务院政府特殊津贴专家 40 人

◆省政府特殊津贴专家 11 人

◆享受全国名老中医药专家学术经验继承工作指导教师 72 人，全国中药特色技术传承人才培养对象 15 人

◆全国优秀中医临床人才 21 人

◆省杰出专业技术人才 3 人

◆中原科技创新领军人才 1 人

◆中原教学名师 1 人，中原名医 1 人

◆中原自然科学和工程技术类青年拔尖人才 1 人

◆省特聘教授 6 人，河南省教学名师 7 人

◆省中医事业终身成就奖获得者 20 人

◆……

B 中医药大学师资力量

◆专任教师 1 010 人，具有高级职称者近 600 人

◆博士生导师（兼职）36 名

◆国医大师 1 人，全国名中医 4 人

◆有国务院特殊津贴专家、中医药专家学术经验继承工作指导老师等国家级知名专家近 50 人

◆有中医药高等学校教学名师、贵州省省管专家、省名中医、省政府特殊津贴专家、高层次创新型"百""千"层次人才等省部级知名专家 80 余人

◆ 2019 年我校周英博士入选国家百千万人才工程，并被授予国家"有突出贡献中青年专家"荣誉称号

◆国医大师工作室（站）5 个

◆全国名中医工作室 3 个

◆全国名老中医药专家传承工作室 20 个

◆省民族民间医（药）师传承工作室 1 个

◆省级人才培养基地和人才团队 15 个

◆……

A 中医药大学学科实力

◆ 2 个博士学位授权一级学科

◆ 1 个博士专业学位授权点

◆ 9 个硕士学位授权一级学科

◆ 6 个硕士专业学位授权点（含药学）

◆ 24 个国家中医药管理局重点学科

◆ 4 个国家级高等学校特色专业建设点

◆ 2 个国家级"专业综合改革试点"项目

◆ 1 个国家级高等学校实验教学示范中心

◆ 1 个国家级大学生校外实践教育基地

◆ 2 个国家级卓越医生（中医）教育培养
计划改革试点

◆ 3 门国家级精品视频公开课

◆ 1 个省优势特色学科

◆ 9 个省重点一级学科

◆ 7 个省高等学校特色专业建设点

◆ ……

B 中医药大学学科实力

◆ 3 个一级学科硕士学位点

◆ 20 个二级学科硕士学位点

◆ 4 个专业硕士学位点

◆ 1 个国家重点（培育）学科

◆ 18 个国家中医药管理局重点学科

◆ 1 个国内一流建设学科

◆ 1 个国家级实验教学示范中心

◆ 1 个国家卓越中医人才改革试点项目

◆ 1 个国家级专业综合改革试点项目

◆ 1 个国家级大学生校外实践教育基地

◆ 3 门国家级精品视频公开课

◆ 4 个国家级特色专业

◆ 4 个省级特色重点学科

◆ 7 个省级重点学科

◆ 1 个区域一流建设学科

◆ ……

　　从以上两校对比可知，A 中医药大学综合实力比 B 中医药大学综合实力强。在专业方面，A 中医药大学有药学专业硕士点，且是省级特色专业，而 B 中医药大学无药学专业的硕士点，省级重点专业中也无药学专业，相对来说 A 中医药大学药学专业比 B 中医药大学药学专业好。所以，在两校都能报考的前提下，考生报考 A 中医药大学较好。

4.4.2 　有意向院校选专业

　　考生有了意向院校，但不知如何选择专业，或有意向专业却不知如何排序时，需查看院校的专业资源（通常拥有硕士点、博士点的专业是该校的重点专业），再结合该校往年的专业录取数据，从而选择更好的专业并对专业进行排序。考生及家长可以从专业的师资力量、学科实力（意向专业是否是重点学科，是否有博士点、硕士点等）、硬件设施（专业所对应的研究平台、实验室、图书资源等）等方面逐一进行分析。

下面以 ×× 大学的五个专业（药剂学、制药工程、药学、口腔医学、预防医学）为分析对象，对它们进行排序或选择的分析方法举例。

1. 药剂学专业

（1）院士：1 人。

（2）导师数量：硕士生导师 22 名，博士生导师 22 名。

（3）硕士点：6 个。

（4）博士点：3 个。

（5）长江学者：1 人。

（6）实验室：教育部重点实验室 1 个，省重点实验室 2 个。

（7）是否有该专业的博士后科研流动站：有。

（8）该专业是否有博士授权点：有。

（9）该专业是否有硕士授权点：有。

（10）该专业是否是重点学科：是国家重点学科。

2. 预防医学专业

（1）院士：无。

（2）导师数量：博士生导师 27 人，硕士生导师 46 人。

（3）硕士点：12 个硕士点。

（4）博士点：7 个博士点。

（5）长江学者：长江特聘教授 2 人。

（6）实验室：2 个重点实验室。

（7）是否有该专业的博士后科研流动站：有。

（8）该专业是否有博士授权点：否。

（9）该专业是否有硕士授权点：否。

（10）该专业是否是重点学科：否。

3. 制药工程专业

（1）院士：兼职 / 特聘院士 6 人。

（2）导师数量：博士生导师 42 人。

（3）硕士点：1 个一级学科硕士学位授权点。

（4）博士点：1 个一级学科博士学位授权点，1 个二级学科博士学位授权点。

（5）长江学者：特聘教授 1 人。

（6）实验室：4 个省重点实验室。

（7）是否有该专业的博士后科研流动站：否。

（8）该专业是否有博士授权点：是。

（9）该专业是否有硕士授权点：否。

（10）该专业是否是重点学科：是国家重点学科。

4. 药学专业

（1）院士：1 人。

（2）导师数量：硕士生导师 22 名，博士生导师 22 名。

（3）硕士点：6 个。

（4）博士点：3 个。

（5）长江学者：1 人。

（6）实验室：教育部重点实验室 1 个，省重点实验室 2 个。

（7）是否有该专业的博士后科研流动站：有。

（8）该专业是否有博士授权点：是。

（9）该专业是否有硕士授权点：否。

（10）该专业是否是重点学科：否。

5. 口腔医学

（1）院士：无。

（2）导师数量：博士生导师 25 人。

（3）硕士点：口腔临床学科和口腔基础学科均为硕士学位授予点。

（4）博士点：口腔临床学科和口腔基础学科均为博士学位授予点。

（5）长江学者：无。

（6）实验室：5 个重点实验室。

（7）是否有该专业的博士后科研流动站：有。

（8）该专业是否有博士授权点：是。

（9）该专业是否有硕士授权点：是。

（10）该专业是否是重点学科：是国家一级重点学科、国家级特色专业。

第5章
填报思路

这些问题你都知道吗？ ●━━━━━━

- ● 问题一：你选择的志愿填报咨询对象合适吗？

- ● 问题二：如何换算并应用同位分？

- ● 问题三：你知道一分一段表吗？它能做什么呢？

- ● 问题四：你知道高校招录专业存在变化吗？有什么影响呢？

- ● 问题五：亏不亏分，你怎样抉择？"冲"院校和"保"专业，你平衡好了吗？

- ● 问题六：繁杂的数据变化，怎么算更简便？

- ● 问题七：投档位次的波动可能与院校或专业的哪些变化相关呢？

- ● 问题八：哪些填报策略能更好地帮助你完成志愿填报？

- ● 问题九：志愿表中的院校或专业，录取概率与意向性如何分布？顺序怎样安排？

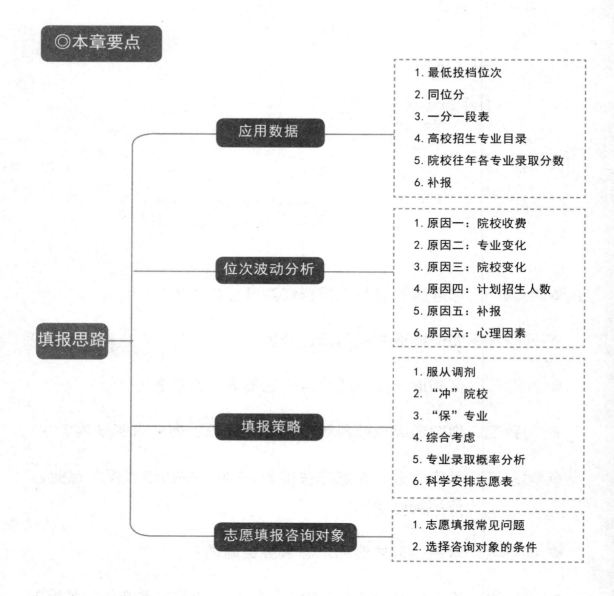

◎本章要点

填报思路

应用数据
1. 最低投档位次
2. 同位分
3. 一分一段表
4. 高校招生专业目录
5. 院校往年各专业录取分数
6. 补报

位次波动分析
1. 原因一：院校收费
2. 原因二：专业变化
3. 原因三：院校变化
4. 原因四：计划招生人数
5. 原因五：补报
6. 原因六：心理因素

填报策略
1. 服从调剂
2. "冲"院校
3. "保"专业
4. 综合考虑
5. 专业录取概率分析
6. 科学安排志愿表

志愿填报咨询对象
1. 志愿填报常见问题
2. 选择咨询对象的条件

5.1 数据说明

在分析参考院校时可以利用分数，也可以利用位次，由于位次更能体现考生与院校的差距，故"清晰志愿"以位次为基础为考生梳理讲解相关志愿填报的分析方法以供考生及家长参考。各个省份提供给考生的数据及考生可以参考的数据不同，但也大同小异，考生可根据图 5.1 结合本省公布的数据情况进行数据处理。

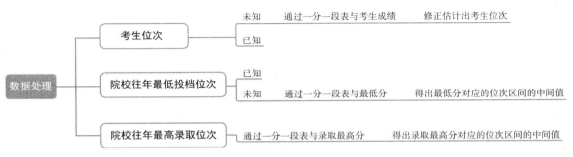

图 5.1　数据处理

数据处理的目的：得出考生位次以及院校往年最低投档（调档）位次。如果考生所在省份已经公布，则考生不需进行数据处理。

本书为使考生阅读流畅，做以下几点说明：

（1）投档线也称调档线，有的省（市、区）也称最低录取分数。因省份不同名字有所区别，均是指院校投档的最低分数线。

（2）为了统一叙述方法，简便讲述填报步骤，厘清填报思路，本书及"清晰志愿App"在运用数据时，因位次更能体现考生与院校差距，故均以位次形式叙述。

（3）关于相应分数转换位次的部分，本书及"清晰志愿 App"均取区间的中间值为应用数值，考生及家长在实际应用时，也可根据各自省（市、区）的实际情况和自身成绩，灵活修正后应用。

5.2 应用数据

5.2.1 最低投档位次

最低投档位次是招生考试院校按照投档比例提档时，提取的最后一位考生的位次。例如，某院校按照投档比例提取 20 个考生志愿档案，最后一位考生的位次是 21 555，那么该院校的最低投档位次就是 21 555。若位次为 21 555 的考生最后未被录取，则该院校的最低投档位次仍然是 21 555。

最低投档位次可作为考生筛选院校填报志愿时，判断自己是否能被录取的一个重要参考数据。根据院校往年最低投档位次的数值变化，可以初步判断院校录取位次的稳定性，考生及家长根据院校位次波动情况具体分析波动的原因，分析思路会更清晰，如某校 2019 年最低投档位次是 12 566，2018 年最低投档位次是 29 363，两年的最低录取位次相差 16 797，位次波动较大。

有的院校位次靠后，不易判断前后两年的位次波动情况，"清晰志愿 App"用院校各年的最低投档位次"减"考生高考当年的位次得到的差简称位差，作为对比数值，既简化了烦琐的数字，又让考生位次与院校投档位次的差距一目了然。例如，以下是考生位次 102 584，与 A、B、C 院校 2019 年、2018 年、2017 年最低投档位次简化前（表5.1）和简化后（表 5.2）的对比。

表 5.1　简化前各院校各年最低位次

院　　校	A院校			B院校			C院校		
年份	2019	2018	2017	2019	2018	2017	2019	2018	2017
最低位次	102 852	103 322	102 048	99 565	99 885	99 012	136 647	102 569	175 512

表 5.2　简化后各院校各年最低位次变化位差及分析

院　校	A院校			B院校			C院校		
年份	2019	2018	2017	2019	2018	2017	2019	2018	2017
位差	+268	+738	−536	−3 019	−2 699	−3 572	+34 063	−15	+72 928
波动情况	位次稳定			位次稳定			位次波动较大		
预测	考生有机会进入			考生进入机会小			分析后再判断		

注: 1. 位差表示院校最低投档位次与考生位次的差。

2. "−"表示考生位次比院校最低投档位次靠后。

3. "+"表示考生位次比院校最低投档位次靠前。

5.2.2　同位分

同位分是考生以自己的位次为基准,根据往年一分一段表,换算得出与考生位次相同的分数。假如,某考生 2020 年考了 500 分,全省排名 1 000,2019 年 1 000 名对应的分数为 490 分,2018 年 1 000 名对应的分数为 510 分,那么 500 分、490 分、510分这几个分数就是同位分。考生明确自己位次相当于往年的多少分数,在招生规模变化不大的情况下,考生大致可能进入同位分相同的院校或专业。

1. 位次→分数

某年一分一段表(部分)如表 5.3 所示。根据表 5.3,甲、乙、丙、丁换算得到的同位分如表 5.4 所示。

表 5.3　一分一段表

分数段	同分人数(人)	累计人数(人)
600分	200	700
599分	230	930
598分	250	1 180
401分	1 000	30 000
400分	1 000	31 000

表 5.4　换算的同位分

考　生	位　次	位次区间	同位分
甲	720	[701,930]	599
乙	920	[701,930]	599
丙	30 010	[30 001,31 000]	400
丁	30 990	[30 001,31 000]	400

注: 表 5.4 中计算 599 分的位次区间时，上限是上一个分数段的累计人数加 1，下限是 599 分对应的累计人数，即 [700+1，930]。

换算为同位分后，在与专业录取分数对比时，才可以更清楚地看出与各专业之间的差距，便于判断被各专业录取的概率，从而降低填报风险。

例如，某考生 2019 年高考位次是 15 000，换算为 2018 年的同位分为 551 分，查到某院校各个专业的录取分数如图 5.2 所示。

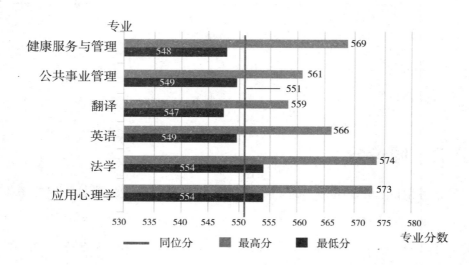

图 5.2　2018 年某院校专业录取分数

在图 5.2 中，换算为同位分后，可以明显地看出，考生位次对应的同位分未达到该校法学、应用心理学专业的最低录取分数，被这两个专业录取的概率较小；考生位次对应的同位分超过了该校翻译、英语、公共事业管理及健康服务与管理专业的最低录取分数，被录取的概率较大。

2. 分数→位次

分数换算为位次，在将考生分数换算为考生位次以及将院校投档线换算为投档位次时会常用。

例如，A 考生 598 分（语文 100 分、数学 130 分、英语 130 分）与 B 考生 598 分（语文 130 分、数学 120 分、英语 115 分）参考一分一段表换算位次时，先找到 599 分对应的累计人数和 598 分对应的累计人数，高分累计人数 +1 为区间上限，低分累计人数为区间下限，即 [931，1 180]，再结合自己的成绩在区间修正估计自己的位次（数据参考表 5.3）。最终，A 考生位次修正为 1 100（区间中下段），B 考生位次修正为 1 000（区间中上段），这样 在对比院校投档位次时，才能更直观地看出自己与院校的差距。（注：上述修正、估计位次仅是举例的数值，并不是确定值。）

3. 最高录取位次

因每年每个分数段的人数不尽相同，高分段与低分段的人数差异较大，为便于运算，本书及"清晰志愿 App"在用院校最高录取分数换算位次时，通过对应的一分一段表，取最高分对应位次区段的中间值作为院校的最高录取位次，与实际院校录取的最高位次有一定差距，仅作为参考使用，考生实际运用时可自行查看换算。例如，某院校录取最高分是 600 分，经查一分一段表 600 分对应的位次区间是 [7 200，7 400]，则本书及 "清晰志愿 App" 换算的院校最高录取位次为 7 300（取的是该区间的中间值）。投档线换算位次也是同样的方法，在此不再举例。

5.2.3　一分一段表

一分一段表是高考成绩公布后，省教育考试院公布的各科类考生成绩统计表。根据考生考分（含各类照顾加分）从高到低排序，以一分为一段，制成考生投档分的"一分段表"。

考生填报志愿前，知道自己的成绩，查看高考当年的一分一段表、自己所处分数段的人数，进一步知道（估算）自己在同分数段中的层次（上段、中段、下段），便于填报院校和专业，增加被录取的机会。同分人数越多，位次靠后的考生在同分竞争中优势越弱，在选择院校或专业时，同位分的下一个分数层次或更低的分数层次筛选院校或专业，被录取的机会越大。

通过查看往年的一分一段表，我们可以知道考生高考当年的位次（分数）相当于往年的多少分，即同位分，结合院校最低投档位次（最低分）及院校各专业录取数据，就可以在往年院校专业录取分数中对各专业录取的位次波动情况做出分析判断，更准确地预测院校在高考当年的录取位次（分数）。

例如,文科考生甲2020年521分,位次19 336,经查各年一分一段表,对比如表5.5所示。

表 5.5　甲考生各年分数段情况

年　份	2017年	2018年	2019年	2020年
同位分	515	539	508	——
同分人数	378	342	368	352
位次区间	[19 096，19 473]	[19 082，19 423]	[19 231，19 598]	[19 287，19 638]
甲位次所在区段	下段	下段	上段	上段

根据表 5.5 及其他综合因素,预测甲进入 A 院校和 B 院校的机会大小,如表 5.6 所示。

表 5.6　预测甲进入A、B两院校的机会

A院校最低分	515	539	508	进入机会大
A院校最低位次	19 470	19 429	19 595	
B院校最低分	515	539	508	进入机会小
B院校最低位次	19 105	19 112	19 253	

考生当年分数段的人数相对往年少,且考生位次在同分人数的上段,A 院校录取分数对应位次在分数段对应区间的下段,B 院校录取分数对应位次在分数段对应区间的上段,在志愿检索时,按照位次依次检索,因此判断考生进入 A 院校的机会大,进入 B 院校的机会较小。

5.2.4　高校招生专业目录

对比院校往年的招生专业目录,可以清楚地了解各高校每年录取专业的变化情况,再结合院校的最低投档位次、一分一段表等分析专业位次波动情况,便于分析预测院校(专业)的投档位次,以增加被录取的机会。

表 5.7 是某院校三年的招生专业，对比后发现，各年录取的专业有所变化，2018 年有广告设计、法学类，无行政管理和新闻学专业；2019 年有行政管理、新闻学专业，无英语和广告设计专业。另外，录取专业的类别也有所改变。

表 5.7　院校往年专业变化表

2017年	2018年	2019年
会计学	会计学	会计学
英语	广告设计	行政管理
行政管理	法学类	法学
新闻学	英语（翻译）	新闻学

5.2.5　院校往年各专业录取分数

1. 各专业录取分数

院校各专业录取分数是招生院校按照计划招生数录取完成后统计的各专业录取考生的实际分数。

对比往年院校所有招录专业的录取分数，可进一步判断院校专业的优劣势，结合各年一分一段表，可以更清楚地了解院校各专业录取位次的波动情况，便于考生及家长预测进入院校相关专业机会的大小，有利于选择合适的专业及安排志愿专业顺序。

2. 专业最低分

专业最低分是指每个专业录取的最低分。各个专业的最低分不一定相同，如图 5.3 所示。在图 5.3 中，旅游管理专业最低分是 541 分，金融学专业最低分是 535 分，审计学专业最低分是 542 分。同时可以看出，考生同位分是 537 分，未达到 2018 年旅游管理、审计学专业最低录取分数，超过金融学专业最低录取分数。

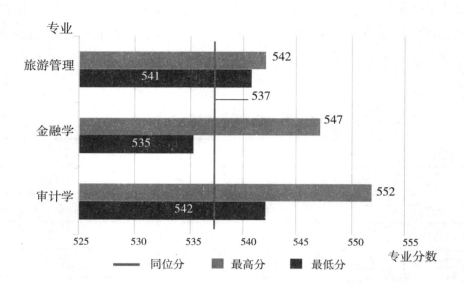

图 5.3　2018 年旅游管理、金融学、审计学专业录取数据

　　查看所选专业的最低录取分数，结合一分一段表，进一步判断所选专业录取位次的稳定性，在以院校优先选择学校时，便于预测被院校录取机会的大小，以利于选择更易"冲"进的院校。在其他因素不变的情况下，同位分（位次）与院校录取专业最低分（位次）越接近，考生被录取的机会就越大；在以专业优先选择学校时，以专业最低录取分数对应的位次为参考，亦可预测被录取机会的大小，超过最低录取专业分数越多，被所选专业录取的机会越大。

　　综合各专业分数和专业最低分的论述，举例分析如下：

　　表 5.8 是 2020 年某文科考生甲、乙根据所查某院校的审计学、会计学、行政管理、市场营销专业往年的录取分数，分析对应专业位次区间后，判断的可进入该校的预测情况。

表 5.8　专业最低录取分数及分析

专业		2017年	2018年	2019年	考生甲位次	考生乙位次
					7 158	8 365
审计学	最低分	564	589	557	机会较小	机会更小
	位次区间	[6 936，7 083]	[6 817，6 975]	[6 765，6 944]		

专　业		2017年	2018年	2019年	考生甲位次 7 158	考生乙位次 8 365
会计学	最低分	560	587	555	有机会	机会小
	位次区间	[7 561，7 715]	[7 151，7 326]	[7 117，7 290]		
行政管理	最低分	553	579	548	机会大	有机会
	位次区间	[8 833，9 009]	[8 667，8 857]	[8 407，8 600]		
市场营销	最低分	549	576	544	机会较大	机会大
	位次区间	[9 608，9 839]	[9 273，9 479]	[9 175，9 361]		

横向对比，以会计学专业为例，考生甲的位次在会计学专业录取分数对应位次区间的上段，2020年若考生填报该专业，有机会被该专业录取；考生乙的位次比会计学专业往年的录取分数对应区间位次靠后，2020年若考生填报该专业，被该专业录取的机会小。

纵向对比各专业录取分数对应的位次，考生甲选择院校专业时，选择会计学、行政管理、市场营销均有机会被录取；考生乙选择院校专业时，选择行政管理、市场营销被录取机会较大，选择会计学专业被录取机会较小。（上述举例是在弱化院校其他影响因素的前提下分析的，即院校位次波动稳定，考生实际分析时要多方因素综合考虑。）

3. 最高分

最高分是招生院校按照计划录取完成后，被录取的最高分或者专业最高分。最高分可能来源于按平行志愿填报的第一次填报，也可能来源于按平行志愿填报的后几次填报（征集或补报）。一般情况下，征集或补报的录取分数较第一次填报录取分数高。

4. 专业最高分

专业最高分是指每个专业录取的最高分，各个专业的最高分不一定相同，如图5.4所示。

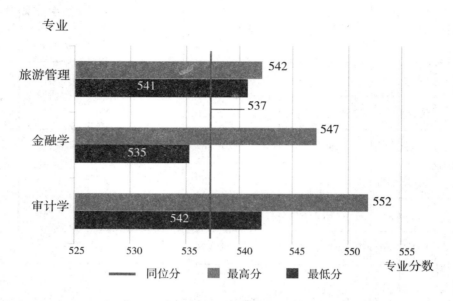

图 5.4　2018 年专业录取分数

图 5.4 中，2018 年旅游管理专业最高分是 542 分，金融学专业最高分是 547 分，审计学专业最高分是 552 分。若院校只录取了这三个专业且无征集或补报，那么院校最高分是 552 分，最低分是 535 分。

查看所选专业的最高录取分数，结合一分一段表，进一步判断所选专业录取位次波动情况，在优先考虑专业选择院校时，同位分（位次）比意向专业最高分（位次）高得越多，能被意向专业录取的机会就越大，再结合其他因素考虑，可以减少对院校当年位次（分数）的预测误差，便于选择更合适的院校（专业）。

5. 院校最高分

院校最高分是招生院校按照计划录取完成后，录取的最高分。有的院校公布的最高分是第一次平行志愿填报的最高分，有的院校公布的最高分是综合多次填报后的最高分，这可能会导致院校的最高分与专业录取的最高分不相符。

例如，某院校 2018 年录取的最高分和最低分分别是 552 分和 535 分。经查，其录取的专业具体情况如图 5.5 所示。

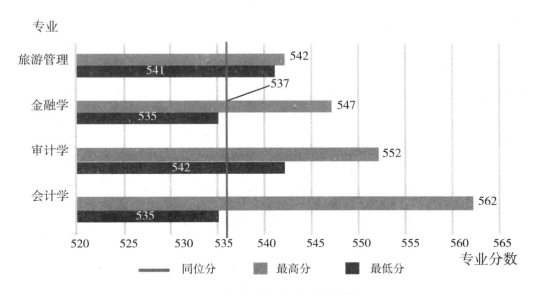

图 5.5　2018 年某院校专业录取数据

图 5.5 中，会计学专业最高分 562 分，与院校最高分 552 分不相符。经查，该院校有一次补报，录取两人，最高分和最低分分别是 561 分和 562 分。分析后可以看出，这两个录取分数录取的均是会计学专业。所以，在查看专业数据时，考生要分清楚院校最高分与专业最高分，必要时需要查看院校是否有征集或补报，综合考虑才能更好地筛选院校及专业。

5.2.6　征集（补报）志愿

征集（补报）志愿即同一批次第二次以上的填报。

结合征集（补报）志愿数据，便于预测院校及专业的位次波动，减少预测误差，增加录取概率。

某些考生因第一次平行志愿填报失误而参加征集（补报）志愿填报，相对第一次填报，院校的专业选择面较窄、院校个数少，征集（补报）可能拉大院校录取分数的差距，且"落榜"的高分考生二次填报选到的专业并不是最好。[注:有的省（市、区）

参考数据中的最低投档位次（分数）以第一次平行志愿投档为准，有的最高分和最低分可能是综合征集（补报）志愿后的最高分和最低分，各省（市、区）考生及家长需注意对比查看。]

虽然征集（补报）选择面窄，但是填报不理想的考生也不能放弃，再次厘清思路后在有征集（补报）名额的院校中好好对比筛选，把握好填报的机会，也有机会进入理想的学校。

2019 年、2018 年、2017 年录取 ×× 省情况统计的补报占比如表 5.9 所示。

表 5.9　各科类各批次院校补报统计表

科　类	批　次	年份 类别 院校数	平　行	补　报	二次补报	三次补报	四次补报	补报占比
理科	第一批次	2019年	380	134	34	—	—	35.26%
		2018年	360	118	22	—	—	32.78%
		2017年	342	116	23	5	—	33.91%
	第二批次	2019年	836	388	77	31		46.41%
		2018年	833	405	90	35	20	48.62%
		2017年	830	429	100	40	18	51.69%
文科	第一批次	2019年	254	47	12	—	—	18.5%
		2018年	243	35	9	—	—	14.4%
		2017年	241	46	6	—	—	19.09%
	第二批次	2019年	737	239	61	27	—	32.43%
		2018年	736	268	87	39	22	36.41%
		2017年	742	293	96	40	26	39.49%

数据显示：文科和理科第一批次和第二批次院校的补报率不尽相同，第一批次院校补报率比第二批次院校补报率低，且文科批次院校补报率比理科批次院校补报率低；

第二批次院校补报次数一般要比第一批次院校补报的次数多，常有三次补报甚至是四次补报；第二批次文科和理科补报院校占比都逐年降低。

表 5.10 是列举的几所院校第一次志愿平行投档和补报志愿投档的院校数据对比，可以明显地看出补报志愿投档的最高分比第一次平行投档的最高分要高。

表 5.10　第一次填报和补报分数对照表

院　　校	2019年平行填报（第一次填报）			2019年补报		
	最高分	最低分	最低位次	最高分	最低分	最低位次
西安思源学院	407	385	113 367	461	461	49 647
武汉工程科技学院	415	379	119 085	481	431	70 379
上海兴伟学院	377	376	122 422	495	369	129 071

结合补报数据查看，根据院校录取数据和院校各专业录取数据，对比一分一段表，判断录取分数的来源（第一次录取或补报），减小预测院校专业当年的录取位次（分数）的误差，以选到适合考生的院校或专业。

例如，某院校 2019 年会计学专业录取最高分为 439 分，位次区间为 [64 108，64 841]，最低分为 400 分，位次区间为 [97 741，98 756]，根据该位次区段判断，甲考生（位次为 71 256）比乙考生（位次为 90 045）被该校的会计学专业录取的机会大，此时甲、乙考生与该专业位次相当。

查看补报数据后发现，439 分是补报录取的考生分数，而实际第一次投档分数的最高分是 403 分，位次区间为 [94 812，95 777]。根据该位次区段判断，则甲、乙考生被该专业录取的机会均较大。此时，对甲考生来说，位次超前约 20 000 个位次，出现亏分现象。若有其他与甲考生位次更接近的院校，甲考生优先考虑接近位次的院校较好。

所以，考生一定要合理选择专业及院校，且填报的第一意向院校最好服从调剂，否则可能出现滑档或退档的情况。有的高分考生补报时选不到合适的院校和专业，可能会选择复读，这是很可惜的情况，考生要引起重视。

5.3 位次波动分析

每年的志愿填报过程都是院校录取与考生填报的双动态过程，这导致了院校位次的波动起伏不定，而影响这一过程的因素又纷繁复杂，有的因素显而易见，有的因素可知可查，有的因素却无迹可寻。那么，分析造成投档位次投档不稳定的原因有什么作用呢？

（1）避免抱侥幸心理，想着靠运气进入大学。

（2）避免出现滑档、退档的惨剧。

（3）避开竞争激烈的专业和院校。

（4）更准确地预留出竞争空间，提高志愿填报的效率，增加被预想大学录取的机会。

（5）避免考生自我认知和专业认识不明，没有思路地盲目乱选、乱填，选择专业或学校时有心无力，甚至随心所欲，出现"瞎填志愿一时爽，痛苦读书四五年"的情况。

那么在纷繁复杂的影响因素中，有哪些是可分析的因素呢？以下内容总结了院校收费、专业变化、院校变化、计划招生人数、补报、心理因素等可能影响位次波动的因素，供考生及家长参考分析。

注： 分析所举的案例，均以单因素变量法数据分析，即选择其中一个影响较大的因素，扩大其影响，弱化其他影响因素。考生及家长实际分析院校时，要多因素综合分析，判断每个因素对院校投档位次的影响大小，综合考虑后再预测院校的投档位次。

5.3.1 原因一：院校收费

1.合作办学

图 5.6 中，院校往年投档位次波动较大，考生位次比 2017 年最高录取位次靠前，比 2018 年、2019 年的最高录取位次靠后，靠后幅度差异较大。

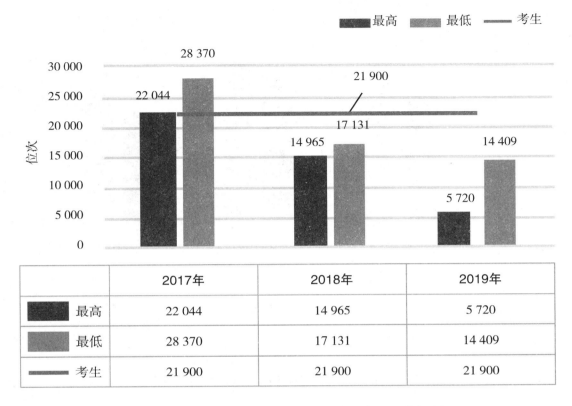

图 5.6　××大学（中外合作办学）往年录取数据图

		2017年	2018年	2019年
	最高	22 044	14 965	5 720
	最低	28 370	17 131	14 409
	考生	21 900	21 900	21 900

　　经查院校往年招生专业目录，该院校招录专业未发生变化。较为明显的是该院校为中外合作办学，专业费用较高，故分析可能是影响位次波动的原因。

　　中外合作办学，专业学费较高，有的院校大学阶段全程在国内授课，费用相对较低；有的院校会分时间段，或是达到合作办学院校的成绩要求后，允许学生到国外学习，此阶段的费用可能会高于国内。该类院校一般招录专业个数少，录取人数少，亦可能影响投档位次。

2. 海外分校

　　图 5.7 中，院校往年投档位次有所波动，且波动幅度不稳定，考生位次比 2017 年、2018 年的最高录取位次靠前，比 2019 年的最高录取位次靠后。

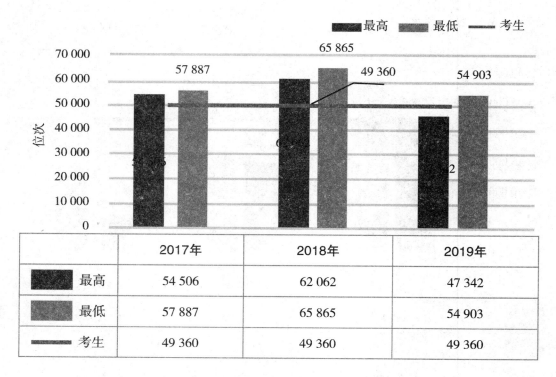

图 5.7 ××大学（海外分校）往年录取数据图

经查院校往年招生专业目录，该院校招生专业未发生变化。较为明显的是该校为国内高校的海外分校。

国内院校的海外分校，每年的学习费用较高，一般家庭不能承担，院校最低投档位次一般低于原院校的最低投档位次，专业的提档范围较大。例如，××大学最低投档位次为 32 500，而 ××大学（海外分校）最低投档位次为 46 358，投档位次低于原院校。另外，海外分校录取专业少，录取人数少，亦可能影响投档位次。

3.独立院校

图 5.8 中，院校往年投档位次波动较大，考生位次比 2017 年最高位次靠前，比 2019 年最高位次靠后。

经查，较明显的是该院校是独立院校，挂靠 ××大学，专业学习费用高。故分析影响位次波动的原因可能是该院校为独立院校，专业费用高。

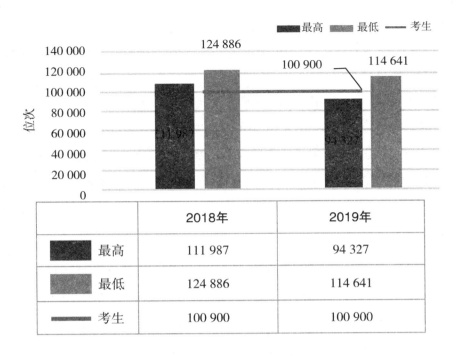

		2018年	2019年
	最高	111 987	94 327
	最低	124 886	114 641
	考生	100 900	100 900

图 5.8　××大学××学院往年录取数据图

　　独立院校有的是原三本院校，院校无财政拨款，开设专业的学费高，每年的学费在一万元以上；独立院校多数是第二批次招生，专业的最低投档位次一般低于挂靠院校专业最低投档位次；独立院校的最低投档位次因院校实力提升、分离挂靠院校等原因的影响，大多会逐年靠前。一般情况下，政策扩招时此类院校扩招的人数较多，可能影响位次波动。

　　一般情况下，公办院校有财政拨款，每年的学费在 6 000 元左右，学费对院校位次波动的影响较小。合办或民办院校因无财政拨款或拨款少，所以其开设专业每年的学费较高。考生及家长在选择该类院校时，除了要考虑考生位次是否能达到院校提档线外，还要考虑家庭经济条件是否能承担高昂的费用。顾虑因素相较一般院校多，会导致报考该类院校的考生数量少，从而影响院校投档位次。另外，附属院校的录取位次相对较低，同分人数较多，也可能是影响位次波动的原因。

　　故考生及家长在分析该类院校时，要多了解院校的发展历程、办学性质、专业学习安排等信息，再对比分析可能影响位次波动的因素，必要时需扩大最低投档位次的浮动范围，减小对院校位次的预测误差，增加录取的机会。

5.3.2 原因二：专业变化

1.增录热门专业

热门（新兴）专业的产生，一是应社会发展而改变的专业由冷到热，如"农"字头的专业随着"生态文明"理念的深入人心，生态学、环境科学等冷门专业有较好的发展空间而被更多家长及考生关注或填报，导致某些院校投档位次有较大波动；二是社会发展促进新专业不断产生，如随着5G时代的到来，一些院校新开设与5G相关的专业，这些专业吸引了考生及家长的关注，从而影响投档位次的波动，除此之外人工智能、智能机器人等专业亦是如此。

图5.9中，2017年、2018年录取专业的位次变化稳定，2019年相较于2017年、2018年，位次波动近8 000个位次，考生位次与2019年最低录取位次相差较远。

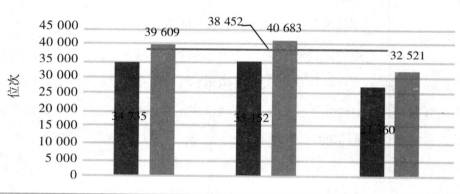

	2017年	2018年	2019年
最高	34 735	35 152	27 360
最低	39 609	40 683	32 521
考生	38 452	38 452	38 542

图5.9 ××大学往年录取数据图

经查，该院校根据 2019 年社会市场的需求，新开设了人工智能及智能机器人专业。新增专业是 2019 年广受关注的专业，故分析位次变化不稳定的原因可能是增加了热门专业。

该院校往年录取专业对比如表 5.11 所示。

表 5.11　往年录取专业对比

2017年录取专业	人　数	2018年录取专业	人　数	2019年录取专业	人　数
计算机	2	计算机	2	人工智能	3
机械设计	3	机械设计	3	智能机器人	2
电子信息工程	2	电子信息工程	2	计算机	2

经查 2017 年一分一段表，图 5.10 中，"计算机"专业录取最高分 466 为分，位次区间为 [34 635，35 173]，最低分为 460 分，位次区间为 [37 865，38 436]；"电子信息工程"专业录取最高分为 460 分，位次区间为 [37 865，38 436]，最低分为 457 分，位次区间为 [39 606，40 188]；"机械设计"专业录取最高分为 462 分，位次区间为 [36 768，37 293]，最低分为 459 分，位次区间为 [38 437，39 006]。

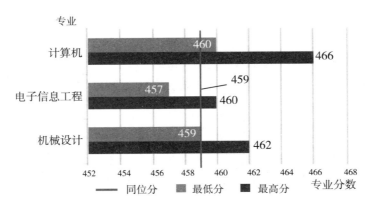

图 5.10　2017 年专业录取数据

经查 2018 年一分一段表，图 5.11 中，"计算机"专业的录取最高分为 498 分，位次区间为 [35 148，35 655]，最低分为 492 分，位次区间为 [38 001，38 511]；"电子信息工程"专业的录取最高分为 492 分，位次区间为 [38 001，38 511]，最低分为 487 分，位次区间为 [40 483，41 000]；"机械设计"专业录取最高分为 494 分，位次区间为 [37 075，37 537]，最低分为 490 分，位次区间为 [39 027，39 504]。

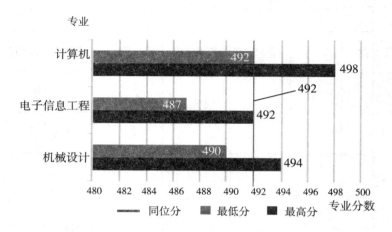

图 5.11　2018 年专业录取数据

经查 2019 年一分一段表，图 5.12 中，"计算机"专业录取最高分为 502 分，位次区间为 [28 723，29 114]，最低分为 494 分，位次区间为 [32 224，32 667]；"智能机器人"专业录取最高分为 505 分，位次区间为 [27 505，27 907]，最低分为 504 分，位次区间为 [27 908，28 303]；"人工智能"专业录取最高分为 506 分，位次区间为 [27 086，27 504]，最低分为 504 分，位次区间为 [27 908，28 303]。

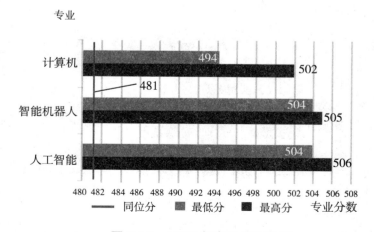

图 5.12　2019 年专业录取数据

对比往年各专业分数及对应位次变化（专业录取分数中各科的具体成绩，可进一步修正院校专业的录取位次），前两年专业位次无明显波动，2019 年专业的录取位次明显靠前。该变化的专业为新增加的人工智能专业，是该专业增加当年广受考生及家长关注的专业，故分析可能影响位次波动的原因是人工智能与智能机器人专业在该年是热门专业。

一般情况下，热门 / 新兴专业会广受考生及家长的关注，吸引考生及家长争相填报有该热门专业的院校。填报人数增多，竞争变大，按位次依次检索时，先检索位次靠前的考生，位次靠后的考生竞争优势弱，被录取考生位次靠前，从而导致院校的录取位次波动。

考生及家长在筛选院校时，要综合分析院校的实际情况与专业的社会发展动向等各种影响因素，合理预测后再选择最适合考生意向的院校或专业进行填报，增加被院校或专业录取的机会。

2. 增减专业

院校在某省的招录专业并非一成不变，有的院校会在往年的招录专业的基础上，增加、减少、替换专业，而这些专业的层级可能不同，有的是优势专业，有的是弱势专业，因此导致院校投档位次的波动不稳定。

（1）优势专业：指在院校的所有录取专业中，录取分数高（位次靠前），或专业口碑较好，或是院校的王牌专业、重点专业。

（2）弱势专业：指在院校的所有录取专业中，录取分数低（位次靠前），或专业口碑较差，报考人数少（冷门）的专业。

以 ×× 医科大学为例，该院校增加（减少）优势（弱势）专业。图 5.13 中考生位次比 2017 年最低投档位次靠前，比 2018 年、2019 年最低投档位次靠后。经查往年该校的专业录取计划，对比往年录取专业如表 5.12 所示。

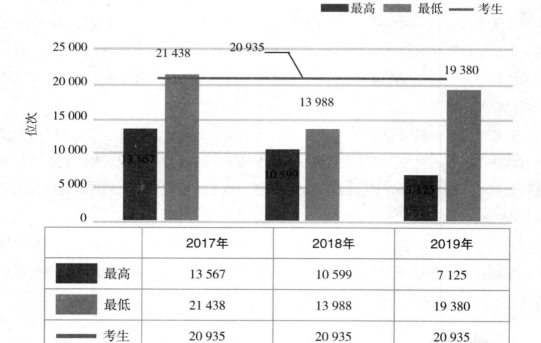

图 5.13　××医科大学往年录取数据

表 5.12　××医科大学往年录取专业对比

2017年录取专业	人　数	2018年录取专业	人　数	2019年录取专业	人　数
临床药学	2	生物工程	2	中药学类	5
临床医学	4	临床医学	10	市场营销	3
中药学类	3	中药学类	5	中医学	2
药事管理	11			临床医学	2

注: 中药学类包含中药学、中药制药、药物制剂。

对比该校往年招生专业目录,该校 2018 年相对 2017 年,减少了药事管理专业、临床药学专业,增加了生物工程专业;2019 年相对 2018 年,减少了生物工程专业,增加了市场营销、中医学专业。

经查 2017 年一分一段表，图 5.14 中录取分数最低的专业是药事管理，分数是 496 分，位次区间为 [21 056，21 484]，录取分数最高的专业是临床医学，分数是 519 分，位次区间为 [13 430，13 706]。所以，院校的最低投档位次 21 438 是分数为 496 分考生的位次。

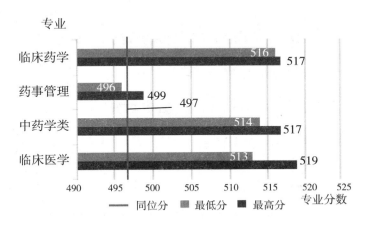

图 5.14　××医科大学 2017 年专业录取数据

经查 2018 年一分一段表，图 5.15 中录取最低分专业是生物工程，分数是 557 分，位次区间为 [13 801，14 084]；分数最高专业是临床医学，分数为 570 分，位次区间为 [10 591，10 817]。院校最低投档位次 13 988 是分数为 557 分专业为生物工程的考生的位次。

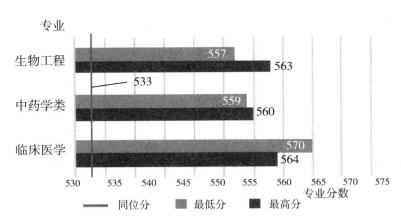

图 5.15　××医科大学 2018 年专业录取数据

相比 2017 年，药事管理专业未在该省招生，导致 2018 年该校最低投档位次靠前，而增加的临床医学专业使该院校录取最高分对应位次靠前。

经查 2019 年一分一段表，图 5.16 中最低分录取专业是市场营销，为 528 分，位次区间为 [19 180，19 498]，分数最高录取专业是中医学，为 577 分，位次区间为 [7 112，7 275]。院校最低投档位次 19 380 是分数为 528 分的市场营销专业考生的位次。

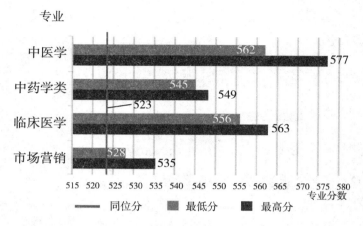

图 5.16　××医科大学 2019 年专业录取数据

相较 2018 年，增加市场营销和中医学专业在该省的招生导致 2019 年最低投档位次靠后，最高录取位次靠前。

经查该校院校简介等信息，该院校主要以医药类专业为主，医药类专业是重点培养专业，故非医药类专业录取分数相较于医药专业录取分数（位次）低，非医药类专业中生物工程是省重点专业，口碑较好，录取分数（位次）与一般医药类专业持平或略高。市场营销专业是一般本科专业，录取位次较靠后；医药类专业中中医学专业是国家重点特色专业，录取位次较靠后。因此，分析影响位次波动的原因可能是该院校在该省增加（减少）优势（弱势）专业。

一般情况下，增加（减少）优势（弱势）专业，院校的最高录取分数可能会增加（减少）；增加（减少）弱势专业，院校最低投档位次可能会靠后（靠前）。

考生及家长在筛选院校时，要综合分析院校及专业的各类可能影响位次波动的因素，预测后再选择最适合考生意向的院校或专业填报。

3. 大类招生或二级专业招生

大类招生是现在各大高校的招生发展趋势。大类招生对考生而言更易被高校录取。报考大类的考生比一般考生要有更多的选择，可以缓解填报压力。

以 ×× 理工大学为例（图 5.17）。

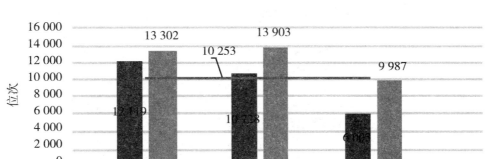

图 5.17 ×× 理工大学往年录取数据

	2017年	2018年	2019年
最高	12 119	10 728	6 003
最低	13 302	13 903	9 987
考生	10 253	10 253	10 253

经查各年院校招生专业目录，录取专业对比如表 5.13 所示。

表 5.13 ×× 理工大学往年录取专业对比

2017 年录取专业	人 数	2018 年录取专业	人 数	2019 年录取专业	人 数
会计学	2	会计学	2	工商管理类（会计学、市场营销、电子商务）	8
市场营销	3	市场营销	3		
电子商务	2	电子商务	2		

该院校 2017 年、2018 年的录取专业是二级专业招生，未发生变化。2019 年该校录取专业将二级专业合并为大类学科（群）招生。

经查 2017 年一分一段表，图 5.18 中录取最低分专业是市场营销，分数为 520 分，位次区间为 [13 143，13 429]；最高分专业是会计学，分数为 524 分，位次区间为 [12 026，12 257]。所以，院校最低投档位次 13 302 是市场营销专业分数为 520 分考生的位次。

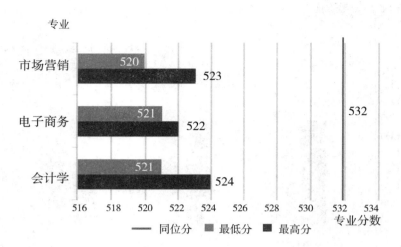

图 5.18 ××理工大学 2017 年专业录取数据

经查 2018 年一分一段表，图 5.19 中录取最低分专业是市场营销，分数为 557 分，位次区间为 [13 801，14 084]；最高分专业是会计学，分数为 570 分，位次区间为 [10 591，10 817]。所以，院校最低投档位次 13 903 是市场营销专业分数为 557 分考生的位次。相较 2017 年，录取专业未发生变化，各专业录取位次较稳定。

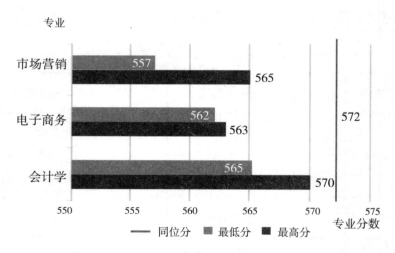

图 5.19 ××理工大学 2018 年专业录取数据

经查 2019 年一分一段表，图 5.20 中工商管理类录取最低分为 563 分，位次区间为 [9 803，10 010]，最高分为 584 分，位次区间为 [5 924，6 082]。所以，院校最低投档位次 9 987 是工商管理类专业中分数为 563 分考生的位次。

专业

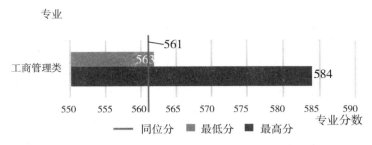

图 5.20　××理工大学 2019 年专业录取数据

相较 2018 年、2017 年，院校专业合并为大类招生，录取分数对应位次升高（靠前）。因此，分析造成位次波动的原因可能是专业招生形式的改变。

首先，将二级专业合并为一级大类招生，因合并的专业录取位次层次不同，院校可能会根据平均位次定录取线，以利于优势专业录取到合适的考生，导致院校投档位次的不稳定。大类招生后，大类中热门专业的录取分会被拉低，更多低分考生选专业时可以考虑大类招生专业，以增加被录取的机会；大类中冷门专业的录取分可能会被抬高，对于以院校冷门专业为参考"冲"学校的考生，被录取的机会不大。

其次，二级专业合并为一级大类招生，将原来零散的各专业录取人数综合到一个大类，人数增加，相对投档的考生会增多，按位次依次检索志愿时，位次靠前的考生先被检索录取，对院校投档位次也可能有影响。

再次，某些院校跟随大流，也改大类招生，考生学习一段时间后，专业分流时某些专业选择人数较少，致使考生被迫分到不想学习的专业，或因某些专业选择人数众多，实际师资力量不足，导致教学质量低，专业口碑差，从而影响院校的最低投档位次。

最后，院校合并大类时，院校往往会将相似专业或一个学院的专业归为大类招生，故合为大类后，相比原录取专业，大类中也会增减专业，也会导致院校投档位次的不稳定。

考生及家长分析该类院校时，要多对比院校招录专业的变化、分类及排名情况，了解专业师资力量、专业分流的方式等信息，才能更好地预测院校投档位次（分数）。

各院校的大类专业分流方式不同，有的院校是按考生意向分流专业，此类方式可能会因专业的师资力量不足，导致被录取考生被迫分到不喜欢的专业；有的院校是按考生成绩分流专业，此类方式可能会因专业学习课程（内容）难或考生不喜欢，导致成绩靠后，最后被迫分到不喜欢的专业，考生需多了解专业师资力量、学习内容等信息，综合分析后预测院校的投档位次，再决定是否报考。

以××医科大学二级专业招生为例（图5.21）。

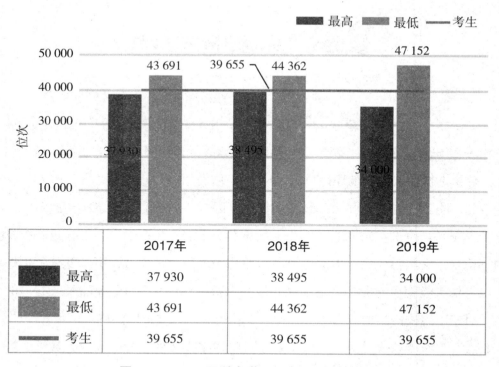

		2017年	2018年	2019年
	最高	37 930	38 495	34 000
	最低	43 691	44 362	47 152
	考生	39 655	39 655	39 655

图 5.21　××医科大学二级专业往年录取数据

图 5.21 中，院校 2017 年、2018 年的录取位次变化较稳定，2019 年的录取位次与前两年相比，最低投档位次波动约 3 000 个位次，最高录取位次波动约 4 000 个位次。考生位次离 2017 年、2018 年最高录取位次近，离 2019 年最高录取位次较远。

经查该校各年的招生专业目录，专业对比如表 5.14 所示。

表 5.14　××医科大学二级专业往年录取专业对比

2017年专业	人　数	2018年专业	人　数	2019年专业	人　数
药学类（药学、中药制剂、药物制剂）	8	药学类（药学、中药制剂、药物制剂）	8	中药制剂	3
				药物制剂	2
				药学	2

该院校前两年的录取专业为学科（群）大类招生，2019年为二级专业招生。

经查2017年一分一段表，图5.22中药学类录取最低分为450分，位次区间为[43 686，

44 289]，最高分为460分，位次区间为[37 865，38 436]。所以，院校最低投档位次43 691是药学类专业中分数为450分考生的位次。

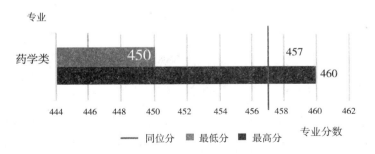

图 5.22　××医科大学二级专业 2017 年录取数据

经查2018年一分一段表，图5.23中药学类录取最高分为492分，位次区间为[38 001，38 511]，最低分为480分，位次区间为[44 235，44 774]。所以，院校最低投档位次44 362是药学类专业中分数为480分考生的位次。相较2017年，位次波动不大，相对较稳定。

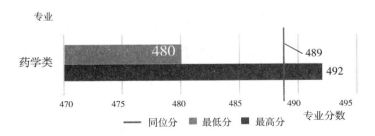

图 5.23　××医科大学二级专业 2018 年录取数据

经查2019年一分一段表，图5.24中录取最高分专业是药物制剂，分数为491分，位次区间为[33 582，34 059]，最低分录取专业是药学，分数为465分，位次区间为[47 054，47 631]。所以，院校最低投档位次47 152是药学专业中分数为465分考生的位次。

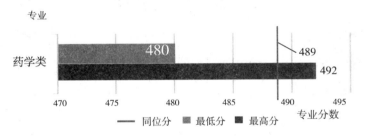

图 5.23　××医科大学二级专业 2018 年录取数据

相较 2017 年、2018 年，该校将大类招生改为二级专业招生，最低投档位次靠后，最高录取位次靠前。故分析影响该校位次波动的原因可能是该校专业招生形式的改变。

一般情况，学科大类招生会拆为二级专业招生，院校录取专业时可能会按照大类专业中专业实际位次层次定专业的录取线。相较于大类招生，拆为二级专业后，优势专业的录取分数会升高，弱势专业的录取分数可能会降低，从而造成院校投档位次的不稳定。某些院校拆分专业后，可能还会增加（减少）其他位次层次的专业，这也可能会造成录取位次的不稳定。因此，考生及家长在分析专业时，要注意对比往年院校在该省招录专业的变化，同时要综合判断其他因素对位次波动的影响，之后再预测院校的投档位次变化。

4. 专业升级

专业升级的情况有以下几种：专业获得教育部批准，获得硕士或博士授权点；专业被国家（省）批准为重点专业；专业因教学质量较好，从二本专业升级为一本专业，或随院校升级而从专科批次招生升级为本科批次招生等。

以 ××大学专业升级为例。图 5.25 中，该校 2017 年、2018 年的录取位次稳定，2019 年位次相较于 2017 年、2018 年，波动较大。

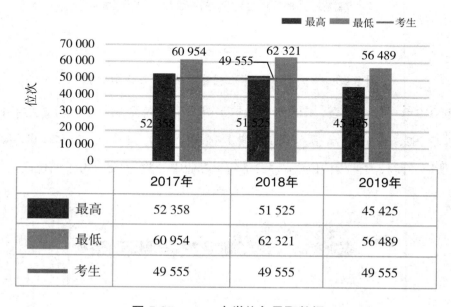

		2017年	2018年	2019年
■	最高	52 358	51 525	45 425
■	最低	60 954	62 321	56 489
—	考生	49 555	49 555	49 555

图 5.25 ××大学往年录取数据

经查该校在该省往年招生专业目录，近三年招生专业未发生变化。

经查 2017 年一分一段表，图 5.26 中录取最高分专业是机械设计，分数为 437 分，位次区间为 [52 059，52 758]；最低分是土木工程专业，分数为 425 分，位次区间为 [60 846，61 581]。院校最低投档位次 60 954 是土木工程专业分数为 425 分考生的位次。

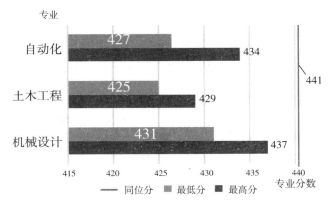

图 5.26 ××大学 2017 年专业录取数据

经查 2018 年一分一段表，图 5.27 中录取最高分专业是机械设计专业，分数为 468 分，位次区间为 [51 129，51 768]；最低分是土木工程专业，分数为 452 分，位次区间为 [61 714，62 411]。院校最低投档位次 62 321 是土木工程专业分数为 452 分考生的位次。相比 2017 年，专业录取分数对应位次较稳定。

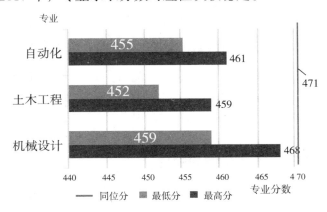

图 5.27 ××大学 2018 年专业录取数据

经查 2019 年一分一段表，图 5.28 中录取最高分专业是机械设计专业，分数为 468 分，位次区间为 [45 332，45 882]；最低分是土木工程专业，分数为 450 分，位次区间为 [56 357，57 024]。院校最低投档位次 56 489 是土木工程专业分数为 450 分考生的位次。相比 2017 年、2018 年，土木工程专业录取分数所对应位次靠前。

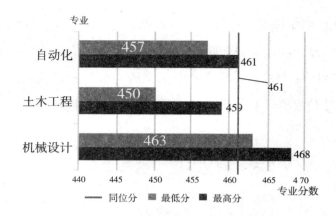

图 5.28 ××大学 2019 年专业录取数据

经查院校信息，该校的机械设计专业 2019 年 2 月获得教育部博士学位授权点，故分析可能是因为机械设计新获得硕士学位授权点，使该专业的录取分升高，导致最低投档位次靠前。

一般情况下，专业升级说明院校专业的某些方面有所提升，会受到考生及家长的更多关注，报考人数增多，竞争增大，致使院校最低投档位次靠前。某些院校的专业虽升级，但实际专业教学水平不足，或专业升级这一影响因素在众多影响位次波动的因素中影响力较弱，此种情况院校投档位次的变化要综合其他影响因素后才能预测。

因此，考生及家长在填报志愿前，要提前着手准备，多查看相关资料和数据，对院校的发展历程、师资力量、专业资源等信息多方对比。综合分析各个可能影响位次波动的因素的影响力大小，减少预测误差，为筛选院校、预测院校位次、填报志愿做准备，避免临时抱佛脚的片面式选择填报，造成填报失利。

5.3.3 原因三：院校变化

1. 院校升级

院校的师生规模、学科专业、科研水平、基础设施等有一定水平的提升之后，院校才能由"学院"升级为"大学"。院校升级后，院校层次和声誉会有大的提高；主管部门将在资金、师资、学科、科研等方面给予更多更大的支持；在招生方面，招生质量也可得到提高。

　　一些院校升级的同时，院校名字也随之更改，为了让院校名字听起来层次更高，吸引更多考生的关注和填报，名字大都往热门词汇、大地名、大区域等"高大上"字眼上靠。比如，"地质"改"工程"，"铁道"改"交通"，"水产"改"海洋"，××财经大学、××理工大学等。

　　图 5.29 中，该院校 2017 年、2018 年录取位次稳定，2019 年位次波动较大，与 2018 年相比，最低投档位次靠前约 8 000 个位次，最高录取位次靠前约 9 000 个位次。

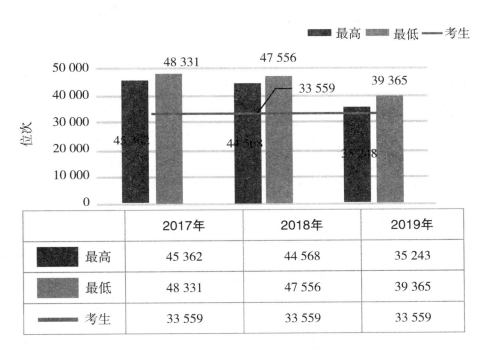

		2017年	2018年	2019年
	最高	45 362	44 568	35 243
	最低	48 331	47 556	39 365
	考生	33 559	33 559	33 559

图 5.29　某院校往年录取数据

　　经查该校的院校简介等信息，较为明显的变化是在 2018 年 12 月份，教育部批准该校由"××学院"升级为"××大学"。因此，造成该院校位次变化的原因可能是院校升级。

　　图 5.30 中，该院校往年录取位次变化起伏不定，2017 年与 2018 年相比，最高录取位次相差近 23 000 个位次，最低投档位次相对稳定；2019 年与 2018 年相比，最低投档位次相差近 53 000 个位次，最高录取位次相差约 29 000 个位次，位次波动很不稳定。

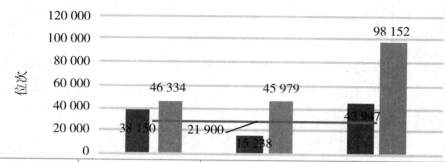

		2017年	2018年	2019年
	最高	38 150	15 238	43 947
	最低	46 334	45 979	98 152
	考生	21 900	21 900	21 900

图 5.30 ××轻化工大学往年录取数据

经查该校的院校简介等信息，较为明显的变化是，在 2018 年 12 月份，教育部同意该院校由原来的"××理工学院"更名为"××轻化工大学"。因此，造成该院校位次变化不稳定的原因可能是院校更名。

以上两所院校同属院校升级类，但是前者是在原院校名字的基础上更"学院"为"大学"，对于考生及家长而言，熟悉程度不变，后者更改了原院校的名字，新名字熟悉度降低，可能因此影响院校投档位次。

一般情况下，院校升级后，院校的最低投档位次大都会靠前。附属的民办院校脱离母校后独立招生，前期院校的最低投档位次可能会靠后，但若院校实力很强，最低投档位次可能会逐渐靠前。有的院校想方设法从"学院"更名为"大学"（或独立），但院校师资力量、口碑和实力并不稳定，升级后最低投档位次可能也会起伏不定。

2. 院校排名

院校排名是根据院校各项科学研究和教学等标准，以英文发表研究报告和学术论文，针对相关大学在数据、报告、成就、声望等方面进行数量化评鉴，再通过加权后形成的排序。

国内大学排名中常见的是武书连版中国大学排行榜、校友会版中国大学排行榜、中国最好大学排名等。

当前几大主流世界大学排名分别有英国《泰晤士高等教育》世界大学排名、QS 世界大学排名、US News 世界大学排名、上海软科世界大学学术排名、荷兰 CWTS 世界大学排名、西班牙 CSIC 世界大学排名、沙特 CWUR 世界大学排名等。

各大排行榜的院校排名依据不同，院校排行也不尽相同，但排行榜上院校的排名是院校实力的象征，故院校排名可能会影响院校的最低投档位次。

图 5.31 中，院校三年的最低投档位次变化起伏较大，2018 年与 2017 年相比，最低投档位次靠前近 7 400 个位次，最高录取位次波动稳定。2019 年与 2018 年相比，最低投档位次靠后近 5 300 个位次，最高录取位次波动稳定。

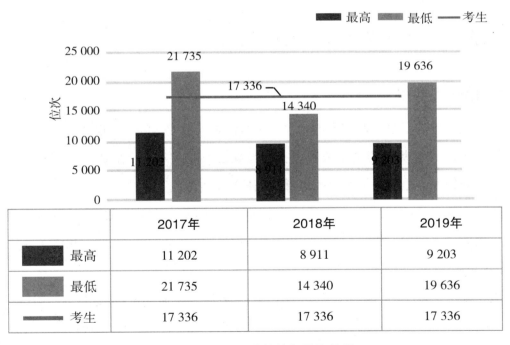

		2017年	2018年	2019年
■	最高	11 202	8 911	9 203
■	最低	21 735	14 340	19 636
—	考生	17 336	17 336	17 336

图 5.31　××院校往年录取数据

经查该校较为明显的变化是 2018 年该院校成为"双一流"专业建设高校，在校友会版本中，2018 年排名比 2017 年排名靠前 9 名，2019 年排名比 2018 年排名下降 4 名，位次浮动与院校排名同步。

经查该校录取专业的分数，法学专业 2017 年录取分数 496，位次区间为 [21 056，21 484]，2018 年录取分数 560，位次区间为 [13 005，13 251]，位次比 2017 年上升；2019 年录取分数 537，对应位次区间为 [16 394，16 707]，位次比 2018 年下降。其他相同专业在各年的位次起伏与院校排名起伏同步，故可能影响该校录取位次变化的原因是院校排名。

一般情况下，院校排名上升（下降）说明院校实力有所提升（下降），院校的最低投档位次可能会随排名的变化而变化。有的院校虽然在排行榜中排名上升，但院校实力不足，或与同层次其他院校相差较多，或某些专业无明显优势（未达到上升后层次的要求），院校最低录取位次可能会起伏不定。（关于如何应用院校排名，详见第三章院校排名小节。）

5.3.4 原因四：计划招生人数

1. 招录人数少

院校在某省的招录专业和人数较少，相对招录人数多的院校，报考的考生数较少，位次跨度较大，这些可能会造成院校投档位次的不稳定；院校在某省招录人数较多，但人数波动较大，也可能会对院校最低投档位次有影响。

院校在某省只招录 1 个专业，且专业招录 1 人，此时被录取院校或专业的最高分（位次）与最低分（位次）相同，对于考生及家长而言，可参考的范围较小，预测难度较大，可能会影响位次的波动。

图 5.32 中，2018 年与 2017 年相比，最低投档位次靠后 8 400 个位次；2019 年相对于 2018 年，最低投档位次靠前近 5 500 个位次。位次波动较大，且每年的最高录取位次与最低投档位次相同。

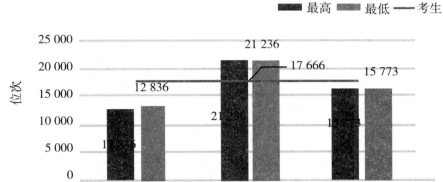

		2017年	2018年	2019年
	最高	12 836	21 236	15 773
	最低	12 836	21 236	15 773
	考生	17 666	17 666	17 666

图 5.32　××院校 2017—2019 录取数据

经查该校往年专业目录，该院校往年在该省录取专业未发生变化。录取专业是广告设计，录取人数 1 人，往年专业录取具体分数如表 5.15 所示。

表5.15　往年录取分数

2019年		2018年		2017年	
最高分	最低分	最高分	最低分	最高分	最低分
539	539	533	533	521	521

经查一分一段表，该校专业录取分数对应位次与院校录取位次波动相同，因此影响位次波动的原因可能是专业录取人数。

一般情况下，院校只录取一个专业，且专业只录取 1 人，或招录多个专业，每个专业录取 1 人，该类招生情况存在一定的偶然性，院校（专业）录取的考生位次既是最高录取位次又是最低投档位次，按照位次依次检索符合填报该类院校的考生，检索满计划数之后，填报了该院校的考生不会被该校检索录取，因而院校录取位次波动明显。

例如，某院校 2018 年、2019 年的各计划招录 1 人，2018 年位次分别为 13 566 和 20 522 的考生填报了该院校，按照位次检索后，位次为 13 566 的考生被检索投档到该校，最后被录取，那么该院校的最低投档位次为 13 566。2019 年，位次分别为 24 336 和 24 996 的考生填报了该院校，按照位次检索后，位次为 24 336 的考生被检索投档到该校，最后被录取，那么该院校的最低投档位次为 24 336。该校两年的计划招生和专业未变，填报的偶然性造成院校投档位次的不稳定。

院校在某省的招录专业和人数少，相对招录人数多的院校，报考的考生数少，位次跨度小，位次变化影响因素多，可能造成院校录取位次的不稳定。

考生及家长分析该类院校时，要综合多年的数据判断院校的最低录取位次，再结合其他因素预测当年的院校投档（分数）位次，以减少预测误差。

2. 计划招生人数多，人数波动大

某些院校的计划招生数较多且变化较大，可能影响院校投档位次，特别是院校在本省招生的，人数最多，人数变化很大，前后两年会相差好几百人，位次也会随之变化。

例如，图 5.33 中，2018 年与 2017 年相比，最低投档位次靠后约 6 000 个位次，最高录取位次靠后约 6 900 个位次；2019 年与 2018 年相比，最低投档位次靠后约 17 000 个位次，最高录取位次靠前约 5 100 个位次，位次波动较不稳定。考生位次在院校往年录取的中上段。

该院校在本省的计划招生人数变化较多，最高录取位次波动较稳定，最低投档位次波动较大，且最高录取位次与最低投档位次跨度较大，位次波动与计划招录人数波动相符(表 5.16)。经查该院校为二批招生院校,成立时间较短,正在逐渐扩大师生规模,因此在本省招录人数变化较大,故录取人数可能会影响院校投档位次。

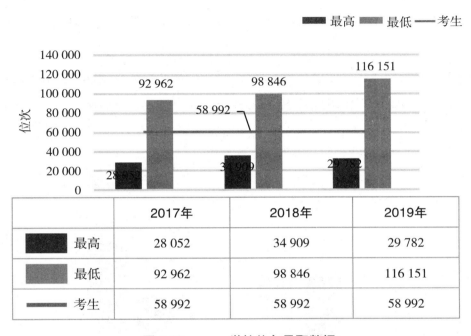

		2017年	2018年	2019年
	最高	28 052	34 909	29 782
	最低	92 962	98 846	116 151
	考生	58 992	58 992	58 992

图 5.33　××学校往年录取数据

表 5.16　往年计划录取人数

年　份	2017年	2018年	2019年
计划录取人数(人)	1 371	870	550

　　一般情况下,计划录取人数越多,对于本省考生而言,填报本省院校被录取的概率较大,填报人数也会增多,一般的院校录取位次相对靠后,同分区间人数较多,加上扩招计划的影响,人数波动对院校投档位次的影响较大;更好的院校录取位次靠前,人数波动较小,对投档位次的影响相对较小。

5.3.5　原因五：征集（补报）志愿

基本上，各省（市、区）每个批次每年大都会有征集（补报）志愿，且录取的考生分数，一般会比第一次平行投档录取的考生分数高。所以，考生和家长结合征集（补报）志愿的数据分析院校，可以减小对院校投档位次的预测误差，以选择更合适的院校填报。

图 5.34 中，院校往年最低投档位次变化较稳定，最低投档位次靠后约 6 000 个位次，波动相对稳定，最高录取位次靠前约 26 000 个位次，位次波动较大。

经查该校往年专业目录，该院校录取专业未发生变化。

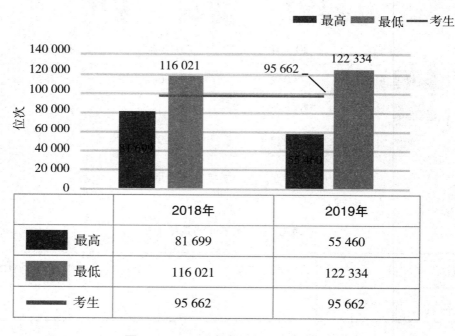

		2018年	2019年
	最高	81 699	55 460
	最低	116 021	122 334
	考生	95 662	95 662

图 5.34　××大学往年录取数据

注： "6 000 个位次" 相对稳定，是因为 122 334 这个位次较靠后，同分人数较多，故预留的波动范围较大。

经查，该院校很明显有补报，在补报数据中，该校平行志愿（第一次填报）录取的最高分和补报录取的最高分差异较大，如表 5.17 所示。

表 5.17　往年第一次填报与第二次填报对比

2019年平行填报	最高分	396	2018年平行填报	最高分	404
	最低分	376		最低分	389
	最低位次	122 334		最低位次	116 021
2019年补报	最高分	452	2018年补报	最高分	427
	最低分	382		最低分	393
	最低位次	115 601		最低位次	112 261

经查该校专业录取分数，结合一分一段表，得知该校的电气工程及其自动化专业 2019 年最高分为 452，是院校最高分，位次区间为 [55 140，55 762]，与院校最高录取位次 55 460 相符；2018 年最高分为 427，是院校最高分，位次区间为 [80 934，81 799]，与院校最高录取位次 81 699 相符，因此可能是补报造成该校最高录取位次（最高分对应）的不稳定。

一般情况下，补报考生中，高分考生较多，而计划数未招满的院校大多是一般院校，且招录人数相对于第一次志愿填报人数减少，这增加了补报志愿的填报难度。因此，补报录取到的考生分数（位次）比第一次填报分数高（靠前），特别是最高分，一般都会比第一次志愿填报录取的分数高。

故考生及家长在参考专业录取分数（位次）选择专业的时候，要注意判断专业的录取分数的来源 [第一次填报或征集（补报）]，以减小对录取分数（位次）的预测误差，便于填报合适的院校。

5.3.6 原因六：心理因素

高校录取和考生填报是一个双动态的过程，会相互影响，除了前面所述可分析的客观因素外，还存在许多不可分析的主观因素。

从众心理。位次靠前的考生都认为自己这个分数段的人多而都选择位次靠后的院校后被录取，迫使位次靠后的考生处于弱势而被下一层级院校录取，从而导致院校的投档位次靠前。或者反过来考生都往前冲，也可能导致院校录取位次的不稳定。

高分段考生降级。成绩在一本边缘的考生填报志愿时心里的不确定因素较多，往往会多关注或选择一些优质的二本院校，这可能造成这类第二批次院校的投档位次抬高。

反其道而行之。一些考生和家长，会关注所谓的"冷门""小众"专业，如小众专业文物修复、宝石鉴定、葡萄酒制作，或冷门专业精细化工、生态学、语言学等，从而呈现"冷门专业不再冷，小众专业受追捧"的趋势，导致专业录取位次不稳定。

此外，还有许多会影响院校位次波动的因素，如调剂、院校录取规则变化等。所以，位次波动无规律而无法分析。

考生及家长能做的只是尽可能缩小预测范围，减小预测误差，选择较为合适的院校或专业，增加被录取的机会。

考生及家长分析的因素越多，预测越准确，对院校投档位次的预测误差就越小，所以考生及家长在填报志愿前，一定要多查阅相关数据资料及院校信息，为志愿填报做好准备。

注: 有的院校专业分数是调剂后的录取分数，因考生实际参考填报志愿的数据中无调剂数据，故在此不做分析。

5.4 填报策略

拥有了数据，清楚了分析方法及分析方向，在志愿填报过程中难免还是会遇到问题。比如，是否要服从调剂？哪些梯度需要服从调剂？要怎样合理地分析以及思考才能更好地安排出最合理的院校顺序及专业顺序……这些都是影响考生被录取的重要因素，是需要考生和家长重视的问题。本节就常见的这些问题，总结了在志愿填报时的策略，供考生及家长参考。

5.4.1 服从调剂

在志愿平行的规则下，同一批次志愿填报时最好选择服从调剂，否则可能会造成考生在该录取批次被院校退档。例如，表 5.18 是某位次为 16 940 文科考生的志愿表。

表 5.18　某考生志愿表

院　校	2018年最低投档位次	是否服从调剂
A院校	15 893	否
B院校	16 154	否
C院校	17 820	否
D院校	18 731	是
……	……	……

表 5.18 中，A 院校、B 院校 2018 年的最低投档位次都比考生位次靠前，该志愿表属于"冲"院校的类型。

既然要"冲"院校，那么就要做好被调剂和读弱势专业的准备，但该考生不服从调剂，对于 A 院校和 B 院校来说，有被提档的可能，若被提档，可能因不服从调剂而被退档，那么考生选择"冲"这两所院校的意义不大，且可能会造成位次比考生靠后的 C 院校、D 院校等都不会被检索录取，后续志愿院校即作废。

所以选择"冲"院校的考生，除非考生有很大把握一定被院校的所选专业录取，否则选择"冲"的院校最好服从调剂，以降低被退档的风险，让志愿表中后续院校有填报的意义。当考生可填报多个批次，且想填报靠前批次某些院校的意向专业时，若

考生在靠前批次中填不服从调剂，被退档后，将参加下一批次的录取。若填报批次是考生的目标批次或者兜底批次，尽量选择服从调剂。

5.4.2 "冲"院校

考生想读一个较好的院校，则会考虑"冲"一些最低投档位次比自身位次靠前的院校。此时考生分析数据时，是以各院校的最低投档位次为参考的，通过分析各个可能影响院校最低投档位次因素，推断其最低投档位次靠后可能性及靠后的位次范围，如大小年、断档等情况，最后筛选出符合考生"冲"的院校。

大小年：指院校的最低录取位次波动呈现一年靠前、一年靠后的规律波动类型。考生需要结合院校录取数据及各个可能影响位次波动的因素去分析院校最低投档位次靠后的可能性及靠后的位次范围，再确定是否将其作为"冲"的院校。

断档：指某些院校因实力起伏不定、与同层次其他院校相差较大或某些专业无明显优势等因素的影响而出现的最低投档位次起伏不定的现象。考生需要结合院校录取数据及各个可能影响位次波动的因素去分析可能出现该现象的可能性，再确定是否将其作为"冲"的院校。考生可根据院校是否有这一情况判断其位次是升还是降。

现在在平行志愿的规则下这种现象出现的频率较低，考生分析预测时，不能过多地依赖此类情况的出现。

此外，某些农林类的院校整体实力很不错，只是很多人都不喜欢此类院校的录取专业，考生可以选择"冲"一些此类院校，"冲"进的机会可能较大（考虑"冲"院校时需做好放弃专业选择的准备）。

5.4.3 "保"专业

考生想读一个较好的专业，则会选择一些最低投档位次比自身位次靠后，且专业最低录取位次也比考生位次靠后的院校。考生分析数据时，意向专业往往是院校的优势专业或录取分数较高的专业，故筛选出的院校最低录取位次往往比考生位次靠后较多。考生结合各个可能影响院校专业最低分（位次）的因素分析，推断其最低分数（位次）的波动情况，选出最有可能被较好专业录取的院校。"保"专业，即专业优先的考生，选专业时，切记要查看院校招生章程，避免因自身条件不足而错过其他更好的院校专业。

在专业优先填报时，我们最好筛选多个意向专业，先将每个意向专业筛选出 1—2 所最合理的院校，分析院校的各录取专业中意向专业被录取的概率，安排专业顺序；

表 5.19　意向专业表

序　号	专　业	序　号	专　业
1	会计	6	国际贸易与经济
2	英语	7	审计学
3	商务英语	8	汉语言文学
4	新闻学	9	俄语
5	法学	……	……

再综合对比每个意向专业下筛选出的院校，最后按考生意向安排院校顺序。表 5.19 是某位考生按照专业优先的填报思路筛选的意向专业。

该考生筛选了9个意向专业。

注： 考生筛选专业时，有的专业是同一个专业，只是院校专业命名不同，考生在筛选专业时需留意搜索其相近专业，避免漏选录取概率更大而且有意向专业的院校（详细内容参考第 4 章）。

5.4.4　综合考虑

综合考虑是指考生将"冲"院校与"保"专业相结合的一种填报方式。其遵循的是"读不了好大学，就读好专业"的想法，考生特别想去一些院校，但分数不够有优势，考生考虑"冲"这些院校，如果未被投档，剩下的几个志愿名额就填写有意向专业且被录取概率较大的院校。其特点为，前面的院校，考生的院校意向性比专业意向性强，后面院校专业意向性比院校意向性强。

5.4.5　专业录取概率分析

确定填报某一个院校时，怎样分析院校专业录取的概率？应该参考哪些数据？

参考的数据有院校往年专业录取分数、最低投档位次与最高录取位次（图 5.35）、院校录取专业及其录取人数（表5.20），以及前后两年专业录取分数（图

5.36、图5.37）、意向专业热度等。以2019年位次为7 012，意向专业为广播电视学的文科考生为例，从以下几方面为考生及家长进行讲解。

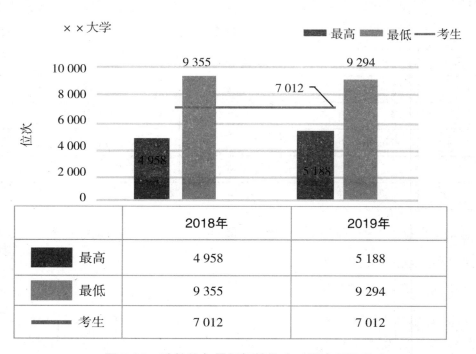

××大学	■最高 ■最低 —考生	

	2018年	2019年
■ 最高	4 958	5 188
■ 最低	9 355	9 294
— 考生	7 012	7 012

图 5.35　院校往年最低投档位次、最高录取位次

表5.20　院校录取专业对比

2019年录取专业	录取人数	2018年录取专业	录取人数
英语	3	英语	2
商务英语	2	商务英语	3
汉语言文学	3	汉语言文学	2
汉语国际教育	3	历史学	2
历史学	2	广播电视学	4
广播电视学	3	广告学	4
广告学	4	学前教育	11
学前教育	9	特殊教育	5
特殊教育	2	地理科学	2
地理科学	5	经济学	8
经济学	12		

专业

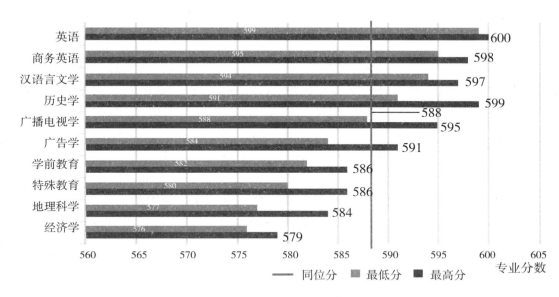

图 5.36 2018 年各专业录取分数

专业

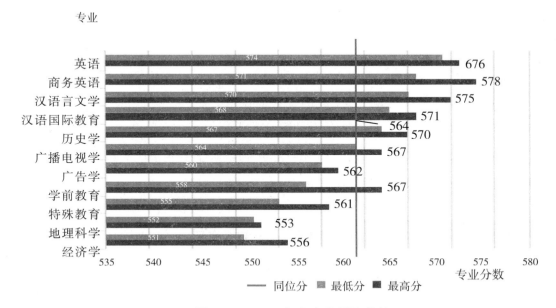

图 5.37 2019 年各专业录取分数

通过院校最低投档位次和院校最高录取位次分析得出：

该院校 2017 年、2018 年位次波动相对稳定；

考生位次 7 012 位于该校往年录取的最低投档位次和最高录取位次的中上段；

在专业变化不大的情况下，考生可以填报该校在该省招生专业中的中上层次专业。

通过 2019 年、2018 年专业录取人数分析得出：

2019 年与 2018 年相比，增加了汉语国际教育专业，各专业录取人数前后两年有不同变化，但不是很大；

考生意向专业广播电视学，2019 录取人数比 2018 年录取人数少 1 人；

通过 2018 年、2017 年专业录取分数综合得出：

最低录取分数在考生同位分以上的专业有广播电视学、历史学、汉语国际教育、汉语言文学、商务英语、英语。其中，汉语国际教育学专业 2018 年未在该省招生，但 2019 年在该省招生，专业分数对应位次变化相对稳定；考生同位分与 2018 年广播电视学专业最低录取分相同。

最低录取分数在考生同位分以下的专业有广告学、学前教育、特殊教育、地理科学、经济学，专业分数对应的位次变化相对稳定。

故分析可能的录取概率由大到小为经济学 > 地理科学 > 特殊教育 > 学前教育 > 广告学 > 广播电视学 > 历史学 > 汉语国际教育 > 汉语言文学 > 商务英语 > 英语。该考生有机会被录取的专业是录取概率大于广播电视学的专业。

结合录取人数，比广播电视学专业录取分数更高的 5 个专业 2019 年录取人数是 13 人，而该院校 2019 年录取总人数有 48 人，广播电视学专业录取人数有 3 人，考生意向专业及位置在所有录取人数中处于中上段，如图 5.38 所示。

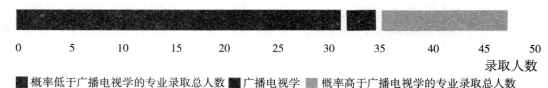

图 5.38　各段专业录取人数分布图

通过综合分析以上数据，该考生被录取概率低于广播电视学等的专业录取概率比，考生有机会被广播电视学（意向专业）录取。同理，分析其他专业，最后做一个各个专业录取概率分布图，为填写该院校专业做准备。

每位考生遇到的情况和分析的专业都不一样，一定要多考虑各专业的可能影响因素，综合分析后预测各专业的录取概率大小。有的院校专业影响因素多，分数（位次）不稳定。相对来说，分析难度大，预测的误差较大，考生一定要根据实际，综合分析影响专业录取分数（位次）变化的因素，预留足够的竞争空间，尽可能减小预测误差，降低填报风险。

5.4.6　科学安排志愿表

筛选好合适的院校并不意味着志愿填报过程的结束，科学合理地安排志愿表也是影响被录取机会的一个重要因素，是志愿填报的一个很重要的环节。

1. 合理安排专业顺序的填报策略

为什么要合理安排专业？因为投档后，院校对专业检索时，若考生填写的专业都未达到院校专业的录取要求，服从调剂的考生进入专业调剂过程，院校会根据各个专业的录取情况进行调剂，不服从调剂的考生，则被院校退档，失去考生填报批次被录取的机会。该过程不可控的因素多，考生无法把握，所以合理安排专业是保障被录取的主要策略之一。

专业分为三种类型，分别是"冲""稳""保"。这三类是按照专业被录取概率以及考试意向性进行划分。但各个院校在对专业进行检索时，其录取规则可能不同（分数（位次）优先、志愿专业优先、专业极差），考生填报时要注意查看，对应填报。

"冲"：指在有被录取机会的前提，安排 1–2 个（考生灵活安排）意向性最强、录取概率略小的专业。此种类型若在录取规则为"志愿专业优先"或"专业极差"时，考生尽量要根据自身情况谨慎使用。

"稳"：指以录取概率较大为前提，安排 1–2 个（考生灵活安排）被录取概率较高、意向性稍弱的专业。此梯度的专业可能不是考生意向专业或是考生意向性较弱。

"保"：指以录取概率很大为前提，安排 1–2 个（考生灵活安排）被录取概率很高、意向性弱的专业。此梯度专业可能是考生意向性较弱的专业，目的是避免被调剂到考生最不喜欢的专业。

本书总结的三种志愿填报思路：院校优先（"冲"院校）、专业优先（"保"专业）、综合考虑填报的志愿专业在被检索时，都有可能遇到不同的录取规则：分数（位次）优先、志愿专业优先、专业极差，本小节探索了不同填报思路下，对应不同的检索方式时，合理安排志愿专业的方法，仅供参考，各省（市、区）考生及家长要根据实际情况，合理安排填报院校的专业顺序。（假设考生所在省（市、区）每所院校可填报 6 个专业，其他填报情况考生灵活安排）

（1）院校优先

图 5.39 是院校优先的填报思路下，检索方式是"分数（位次）优先"时的专业填报分布图，A、B 专业为"冲"梯度，C、D 专业为"稳"梯度，E、F 专业为"保"的梯度。

图 5.39　"分数（位次）优先"意向性、录取概率分布图

图 5.40 是院校优先的填报思路下，检索方式是"志愿专业优先"时可能填报的专业意向性、录取概率分布图，此图的专业安排要根据考生实际情况合理安排，且第一个专业一定要分析填报专业被录取的概率后慎重填报。

图 5.40　"志愿专业优先"意向性、录取概率分布图

（2）专业优先

图 5.41 是专业优先的填报思路下，检索方式是"分数（位次）优先"时的专业意向性分布图，是意向性为主，录取概率为辅的安排方式，A、B、C、D、E、F 专业均为考生筛选的意向专业，且意向性由强到弱，因录取概率与考生筛选的院校的专业相关，在此未固定录取概率，但建议考生最后确定填报的院校中，其专业录取概率较大比较好。

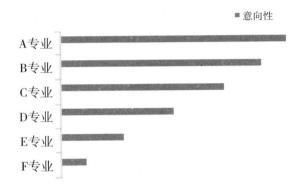

图 5.41 "分数（位次）优先"意向性、录取概率分布图

图 5.42 是专业优先的填报思路下，检索方式是"志愿专业优先"时的专业意向性、录取概率分布图，因该过程无规律，仅展示填报中较稳妥的填报方式，仅供参考，考生要根据自己的实际情况合理安排。此种录取规则下，第一个专业非常重要，考生要对意向专业的录取概率做好分析，且将其填在第一个专业；填写第二个专业时，可视情况而定，可以选择填报比第一专业分稍低一点的专业。

图 5.42 "志愿专业优先"意向性、录取概率分布图

（3）综合考虑

综合考虑的填报思路下,检索方式分别是"分数（位次）优先"或"志愿专业优先"时,对应参考上图（图5.39、图5.40、图5.41、图5.42）,结合考生实际情况灵活安排即可。

分数（位次）优先:在此专业录取规则下,考生选择专业时按意向性为轴心,录取概率为参考,将专业划分好梯度即可。

志愿专业优先:在此专业录取规则下,考生对填报的第一个专业要慎重,一定要在录取概率的前提下填报此专业。

以上未讲解院校对专业录取规则为"专业极差"时的专业志愿安排方案。其实,此类情况与"志愿专业优先"原理相同,只是专业检索时有降分的情况,故需考生灵活运用安排专业志愿,且此时的第一志愿专业非常重要,考生要慎重决定后再填报。

总之,"志愿专业优先"与"专业极差"这两种检索规则下,专业安排较为复杂,考生高低分之间都是一种双向动态关系,考生可以结合其他合理的专业安排策略。

2. 合理安排院校顺序的填报策略

合理的专业顺序是科学安排志愿表的一部分,结合合理的院校顺序才能增加被录取的概率,让志愿表的安排更有意义。以下我们将这一环节分成院校优先、专业优先、综合考虑三种不同的方向进行分析,并根据意向性及录取概率不同,绘制院校优先、专业优先、综合考虑的三个填报方向的分布图,仅供参考,考生和家长要根据自己的实际情况做出合理安排。

（1）院校优先

院校优先是一种以优先考虑学校,其次考虑专业的填报方向,安排院校顺序时,院校意向性和院校的录取概率是成反比的。第一所、第二所院校是考生意向性最强、录取概率较低的院校,这可以让考生有机会"冲"一些院校最低投档位次比考生位次略靠前的意向院校,此时是意向性占主导;最后两所院校是考生意向性较弱、录取概率较高的院校,这可以保证考生有更大概率被录取,此时是录取概率占主导。院校优先的填报方式,"冲"的院校最好不要超过3所。此类填报方式的院校顺序安排如表5.21所示,院校意向性、概率分布如图5.43所示。

表 5.21　院校志愿安排表

序　号	院　校	类　型
1	A院校	"冲"
2	B院校	"冲"
3	C院校	"稳"
4	D院校	"稳"
5	E院校	"稳"
6	F院校	"稳"
7	G院校	"保"
8	H院校	"保"

图 5.43　院校优先的院校意向性、录取概率分布图

（2）专业优先

专业优先是一种以优先考虑专业，其次考虑院校的填报方式，选择一些有考生意向专业的、有被录取机会的专业的院校。此种填报方式，考生同位分分数高于意向专业的录取分数，所以选择的院校一般最低投档位次比考生位次靠后。

安排院校顺序时，院校意向性和院校的录取概率在一定范围内成反比。第一所、第二所院校是考生专业意向性和院校录取概率都较大的院校，第一所院校很重要，此时意向性和录取概率是同时考虑的，且录取概率较高（50% 以上比较好）；最后两所院校是考生专业意向性较弱，而录取概率较高的院校，这可以保证考生有更大概率被录取，避免志愿填报失败，此类填报方式的院校意向性、录取概率分布如图 5.44 所示。

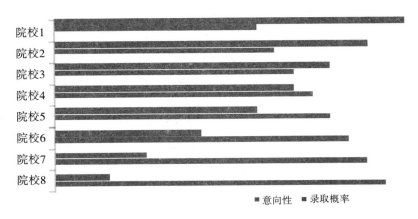

图 5.44　专业优先的院校意向性、录取概率分布图

（3）综合考虑

综合考虑是考生无意向专业，无意向院校，在符合考生位次的范围内，筛选到的院校能冲则冲，不能冲则选择较好的专业的填报方式，是院校优先和专业优先综合考虑的安排院校顺序的方式。前几所院校安排一些投档位次比考生靠前的院校"冲"，此时院校意向性较大，录取概率较小；中间几所院校的安排较为重要（以专业优先填报的第一所最重要），前几所院校若不能被录取，这所院校一般安排一些录取概率较大且能选较好专业（意向性较大）的院校，这样可以让考生最大可能进入有好专业的院校；最后的几所院校，最好安排录取概率较大的院校，以保证填报批次不会落榜。此类填报方式的院校顺序安排如表 5.22 所示，意向性、概率分布如图 5.45 所示。

表 5.22　院校志愿安排表

序　号	院　校	类　型
1	院校a	"冲"
2	院校b	"冲"
3	院校c	"冲"
4	院校d	重专业
5	院校e	重专业
6	院校f	重专业
7	院校g	"保"
8	院校h	"保"

图 5.45　综合考虑的院校意向性、录取概率分布图

5.5　志愿填报咨询对象

5.5.1　志愿填报常见问题

近年在高考考生志愿选择方面，家长和学生问的问题里频率最高的问题有如下几个。

（1）是该优先选学校还是优先选专业？

（2）哪些专业最好？（详见第 4 章）

（3）读冷门专业是不是很难就业？

（4）我选不到好专业要不要复读？

因每个人的阅历、看待问题的角度不同，没有绝对的标准答案。

5.5.2　选择咨询对象的条件

志愿填报涉及考生以后的人生轨迹，考生虽然对未来充满希望，但是对院校或专业的认知较少，难免懵懂、迷茫，填志愿时便无从下手，所以选择合理的志愿咨询对象极其重要，避免"瞎填志愿一时爽，痛苦读书四五年"。合适的志愿咨询对象，会根据考生自身的具体情况，花时间与考生共同琢磨志愿填报的相关问题。那么，我们应该怎样选择志愿咨询对象呢？

（1）他有时间与你进行沟通。

（2）了解年轻人的生活方式。

（3）社交圈子广，了解很多行业，见识丰富。

（4）在你感兴趣的方向（企业就业、公考、考研、创业、出国等）有一定的成绩或者其朋友有一定的成绩。

（5）对近些年的就业有一定的了解。

有了合适的参考对象，考生需要准备填报志愿的基础数据，便于提高志愿填报效率，在和咨询者沟通时，考生要大胆讲述自己的优点、想要学习的方向、毕业后想要工作的方向等。让被咨询者在更大程度上了解你，更好地为你推荐相关专业或院校。

第6章
案例分析

▷‖

这些问题你都知道吗？

　　每年都有无数的考生进入大学，　填报分析方法多种多样，但总结起来也就是专业优先、院校优先、综合考虑这三个方向，只是填报者在这些方向上各自分析的点不同而已。那么看完前面的分析内容后，你对志愿填报已经有了深入的理解，你的大脑清晰了吗？能解决下面的问题吗？

● 问题一：你的眼睛告诉大脑："理解了"。那你
　　　　　 实际运用时真的可以吗？

● 问题二：院校优先时先确定什么？

● 问题三：专业优先是不是只分析专业？

● 问题四：专业优先和院校优先的分析过程一样吗？

　　不管会不会，学校优先还是专业优先，我们都来实际演练一次吧！

123

6.1   院校优先

若考生对专业没有要求，但是一定要上某个层次的院校，或填报志愿时不想亏分，那么如何筛选院校更好呢？

有些考生或家长筛选院校时没有意向专业，只想选名校，或不想亏分、低分高进地进入院校。此类想法被称为"冲"院校，即不论最后被录取的专业好坏，只要能进与考生分数相当的院校就好。以下列举了此类情况下比较简单的筛选方法，即以院校往年的最低投档位次为筛选基准，筛选出考生位次波动范围内的院校，之后再逐一分析所选院校。

以下是以 2018 年、2017 年、2016 年的录取数据为参考，为 2019 年甲考生志愿填报表做的案例分析，仅供考生及家长参考。

6.1.1   院校优先分析导图

院校优选分析导图如图 6.1 所示。

图 6.1   院校优先分析导图

6.1.2   考生信息和要求

考生信息：男，××省考生，理科，汉族。

考生成绩：2019 年分数 520，位次 21 900。语文 100，数学 120，英语 90，理综 210。

考生体检：身高 175 cm，无口吃，体检合格。

考生优点：数学逻辑能力、动手能力较强，空间想象力较好。

考生家庭条件：家庭条件一般，不能承担较高的学习费用。

地域要求：不去偏远地区。

专业要求：考生无意向专业，只想"冲"学校。在能达到院校录取条件的情况下，优先选择与考生兴趣方向相关的专业。

院校要求：不考虑中外合作类、海外分校等高收费专业或院校。不考虑定向录取或免费录取的专业或院校。对院校类型和属性无要求。

位次需要换算（估算）或修正的各省（市、区）的考生，详见第 5 章数据说明，换算位次。

6.1.3　考生定位

查看往年一分一段表，换算同位分，定位考生位次区段。

2019 年：理科 520 分，位次区间在 [21 874，22 252]，同分人数 379 人。考生位次 21 900 位于该位次区间的上段。

2018 年：21 900 ∈ [21 641，22 002]，同位分 531 分，同分人数 362 人，考生位次 21 900 位于该位次区间的下段。

2017 年：21 900 ∈ [21 857，22 232]，同位分 494 分，同分人数 376 人，考生位次 21 900 位于该位次区间的上段。

综合分析得知，考生分数对应的往年同位分区间的人数增加了，在招生不变的情况下，区段人数增加，竞争增大。在筛选院校及预测院校录取位次时，对于同层次的院校，考生有足够的竞争空间。2019 年考生位次在同分区间的上段，比较有竞争优势。

6.1.4　初步筛选院校

为了方便自己筛选分析，考生以 2018 年院校最低投档位次为参考，自行缩小位

差范围，在缩小范围内筛选院校。同时，结合 2017 年、2016 年位差，保留在自己设
定的位差范围内的院校，综合筛选的部分院校如表 6.1 所示。

表 6.1　综合筛选的院校

学　校	2018年 投档位次	2018年 位　差	2017年 位　差	2016年 位　差
南京中医药大学	14 073	−7 827	−222	——
南京信息工程大学	20 446	−1 454	+1 456	+644
北京联合大学	20 467	−1 433	−368	+656
中国民航大学	21 298	−602	−2 291	−345
北京信息科技大学	21 566	−334	−374	−1 859
天津理工大学	21 596	−304	+508	+704
中国计量大学	21 902	+2	+1 320	+3 712
大连大学	21 956	+56	+1 063	+1 279
河南工业大学	22 060	+160	+2 207	+2 204
哈尔滨商业大学	22 411	+511	−3 701	−5 613
成都信息工程大学	22 578	+678	+4 499	——
西南科技大学	22 669	+769	+1 121	−499
北方工业大学	22 904	+1 004	−981	−1 971
江西师范大学	22 951	+1 051	+4 696	+10 876
华南农业大学	23 141	+1 241	+2 024	+2 207
山东科技大学	23 303	+1 403	+2 925	+4 935
山东师范大学	23 338	+1 438	+5 188	+13 206

对于筛选出的院校，考生需要逐一分析这些院校每年的投档位次变化及专业录取
情况与考生位次的差距，结合可能影响位次变化及专业分数变化的因素，综合分析后，
预测院校在高考当年的最低投档位次，筛选出最好、最可能被录取且符合考生意向的
院校，综合对比后再根据考生的预测位次安排志愿表的院校顺序和专业顺序，完成志
愿填报。

6.1.5　分析院校

以下选择了南京中医药大学、西南科技大学、山东科技大学等院校为例，展示分析过程，供考生及家长参考。

1. 南京中医药大学

虽然南京中医药大学 2018 年位差不在考生的筛选范围内，且该校最低投档位次与考生位次相差较远，若以 2018 年录取数据为参考，考生"冲"该校的机会较小，但是考生与该校 2017 年最低投档位差是 −222，在考生的筛选范围内，若以 2017 年数据为参考，考生有机会冲进该学校，所以需要分析该院校位次变化较大的原因，再预测考生是否有机会进入该学校。下面是分析过程。

（1）录取数据

如图 6.2 所示，该校 2016 年未在该省招生，2018 年相较于 2017 年，最高录取位次靠前了 2 301 个位次，位次变化相对稳定，最低投档位次靠前 7 605 个位次，位次变化不稳定。

考生位次 21 900 靠近 2017 年的最低投档位次，与 2018 年最低投档位次相差较大，故需分析影响该校投档位次波动的原因，再预测 2019 年该校的投档位次，估计"冲"进该校的机会。

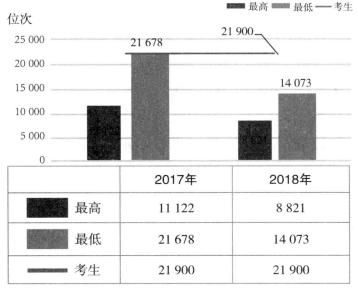

		2017年	2018年
■	最高	11 122	8 821
■	最低	21 678	14 073
—	考生	21 900	21 900

图 6.2　南京中医药大学往年录取数据图

（2）往年录取专业分析

经查该校往年招录的专业计划，发现该校录取专业有变化，具体专业对比情况如表 6.2 所示。

表 6.2　南京中医药大学往年录取专业对比

2017年录取专业	人 数	2018年录取专业	人 数	2019年录取专业	录取人数
中西医临床医学	2	临床医学	2	生物技术	5
护理学	11	信息管理与信息系统	10	眼视光学	3
中药学类	3	中药学类	5	中西医临床医学	2
临床医学	4			临床医学	2
				中医学	2
				中药学类	8
				计算机类	10
				市场营销	8
				药事管理	10
				国际经济与贸易	6
				护理学	12
				药学类	10
				食品卫生与营养学	5

注: 1. 中药学类包含中药学、中药制药、中药资源与开发专业。

2. 计算机类包含计算机科学与技术、软件工程专业。

3. 药学类包含药学、药物制剂专业。

由表 6.2 可知，2018 年与 2017 年录取专业相比，减少了护理学专业、中西医临床医学专业；增加了信息管理与信息系统专业，根据第 6 章关于"造成投档位次幅度较大的原因"的阐述，考虑专业变化、专业录取人数变化有可能是影响该校投档位次波动幅度较大的原因，前后两年临床医学专业的录取人数从 4 人减少到 2 人，故临床医学专业的最低投档位次可能靠前，减少了大多数人不喜欢的护理学专业，造成院校最低投档位次靠前。

2019 年与 2018 年录取专业相比，减少了信息管理与信息系统专业，增加了生物技术、眼视光学、中西医临床医学、中医学、药事管理、护理学、药学类、食品卫生与营养学等医药相关专业和计算机类、市场营销、国际经济与贸易等非医药相关专业，且专业录取人数增加了 66 人。

从该校 2019 年计划招录专业及录取人数中可以看去，计划录取人数增加较多，增加了医学相关专业和非医学相关专业，且 2017 年招录而 2018 年未招录的"护理学"也在 2019 年计划招录的专业中。所以，根据往年的录取情况看，考生位次有可能进入护理学、生物技术等医学相关专业，或进入该校计算机类、市场营销、国际经济与贸易等非医药相关专业。

上述情况与院校的具体专业录取相关，考生需要继续查看和分析该院校专业的录取情况。

（3）专业录取数据

如图 6.3 所示，考生 2017 年同位分 494 分，无低于同位分的专业，最低投档分专业是护理学，分数是 495 分，对应位次区间是 [21 485，21 856]，下限位次比考生位次靠前 44 个位次，实际录取考生的位次（21 678）比考生位次（21 900）靠前 222 个位次；中药学专业录取分数 496 分，对应位次区间是 [21 056，21 484]，下限位次比考生位次高 416 个位次。其他两个专业投档线对应位次均比考生位次靠前。

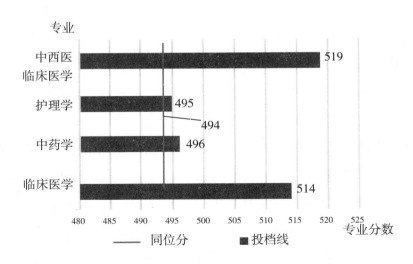

图 6.3　南京中医药大学 2017 年录取数据图

清晰志愿
QINGXIZHIYUAN

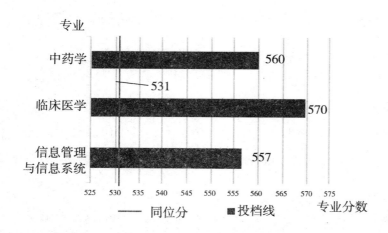

图 6.4　南京中医药大学 2018 年录取数据图

如图 6.4 所示，考生 2018 年同位分是 531 分，未达到各专业投档线。该年录取专业中最低投档分专业是信息管理与信息系统，分数是 557 分，对应位次区间是 [13 801，14 084]，下限位次比考生高 7 816 个位次。与 2017 年最低投档位次相比，2018 年该校最低投档位次靠前，可能是减少护理学专业导致的。

同时，相比 2017 年，中药学专业靠前近 8 000 个位次，临床医学专业靠前近 4 000 个位次，通过分析可知导致 2018 年最低投档位次靠前的原因除了减少护理学专业外，还有其他因素。

2019 年录取专业中有护理学，若其他影响因素对护理学专业的影响较弱，则考生有机会"冲"进该校，故需继续分析院校相关信息后再预测考生是否能进入该校。

（4）院校资料及分析

查阅该校院校简介、专业等相关信息，可知该校创建于 1954 年，是全国建校最早的高等中医药院校之一，2017 年入围国家"双一流"建设高校和江苏高水平大学建设高校，2018 年成为教育部和江苏省共建的"双一流"建设高校。

该校有多个博士、硕士学位授权学科，其中中药学等专业是国家重点学科；中医学、中医内科学是国家重点（培育）学科；中医学、中药学、护理学等是江苏高校优势学科。除此之外，有 3 个江苏省品牌专业、10 个（药学）江苏省重点学科、33 个（中药制剂）国家中医药管理局中医药重点学科以及多个一流学科。该校是中医药类大学，中医药相关的专业较一般专业有优势，受重视程度高，故录取分数对应位次相对高。

该校加强了现代信息技术与医药类主干学科的融合，发展了人工智能、智能医学和医学信息工程与技术。该校计算机应用、信息技术等相关专业也是重点建设专业，计算机科学与技术是校级重点专业，软件工程是校级重点培育学科，与文献所共建的"中医药信息学"是国家中医药管理局重点学科，国际经济与贸易是省特色专业，食品卫生与营养学是校级重点专业，生物技术、眼视光学、市场营销、药事管理是一般本科专业，其中药事管理是新专业。

该校拥有较多教育部重点实验室，师资力量雄厚，名家云集，是世界卫生组织（WHO）传统医学合作中心、国际针灸培训中心，是教育部批准接收和培养外国留学生及我国台港澳地区学生的首批高等中医药院校之一，有多个附属医院和药业，各类教学及毕业实习基地逾百所。

在全国第四轮学科评估中，中医学、中药学、中西医结合三个主干学科均进入A 类。临床医学、药理学与毒理学 2 个学科进入 ESI 全球排名前 1%，2017 年入围USNews 世界大学排行榜，2018 年上榜自然指数国内高校 TOP200，入围美国 Scimago中国内地高校"学术"排名前 128 强，入围"双一流"建设高校本科教育质量百优榜，2019 中国内地高校 ESI 机构排名位列第 128 位，艾瑞深校友会 2019 年中国大学一流专业排名 100 强。

综上所有资料信息，虽然 2019 年录取专业增加了一般本科专业，预计 2019 最低投档位次比 2018 年靠后，但该校是医药类院校，实力较强，在各大排行榜中排名稳定且有上升趋势，预计 2019 最低投档位次与 2018 年相比不会偏差太大，且 2019 年录取专业中包含优势专业与一般本科专业，结合 2018 年最低投档位次和各专业投档线对应位次，预计医药类相关专业的录取分数较非医药类专业高，非医药专业中的重点专业或一流专业录取分数较一般医药类专业分数高。考生位次 21 900，未达到该校 2018 年录取的最低投档位次，而 2019 年新增的专业多是该校的优势或重点专业，综合考虑各种可能影响位次波动的因素后，预计该校 2019 年最低投档位次要靠前于20 000 名，考生位次 21 900，冲进该校的机会小，故不考虑该校。

2. 西南科技大学

该校 2018、2017 年最低投档位次靠后于考生位次，虽然 2016 年最低投档位次比考生位次靠前 499，但相对来说，三年最低投档位次波动较稳定，根据录取数据来看，

若填报该院校，考生有机会被录取，下面是对院校及院校录取专业的分析过程。

（1）录取数据

如图 6.5 所示，院校三年的最低投档位次波动稳定，2016 年无最高录取位次，2017 年与 2018 年的最高录取位次相差 6 579 个位次，波动较大。

考生位次比两年的最低投档位次靠前约 1 000 个位次，若院校变化不大，考生有机会被该校录取。

故需继续查看专业及院校变化，从而分析是否会对最低投档位次产生影响。

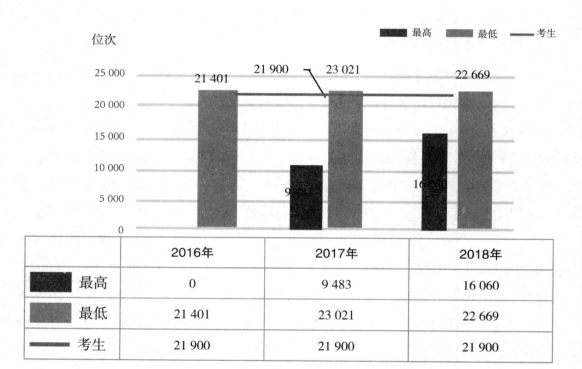

		2016年	2017年	2018年
	最高	0	9 483	16 060
	最低	21 401	23 021	22 669
	考生	21 900	21 900	21 900

图 6.5　西南科技大学往年录取数据

（2）往年录取专业对比

经查该校往年招录的专业计划如表 6.3 所示。

表 6.3　西南科技大学往年录取专业对比

2017录取专业	人　数	2018录取专业	人　数	2019年录取专业	人　数
信息与计算科学	3	信息与计算科学	3	化工与制药类	3
生物技术	3	生物技术	3	地质工程	3
材料成型及控制工程	3	材料成型及控制工程	3	矿业类	3
电子信息工程	3	电子信息工程	3	电子信息类	3
材料科学与工程	3	材料科学与工程	3	建筑类	3
过程装备与控制工程	3	过程装备与控制工程	3	机械类	6
软件工程	3	软件工程	3	计算机类	9
物联网工程	3	物联网工程	3	兵器类	3
土木工程	3	土木工程	3	核工程类	3
信息安全	3	信息安全	3	材料类	4
地质工程	3	地质工程	3	数学类	3
采矿工程	3	采矿工程	3	土木类	3
能源化学工程	3	能源化学工程	3	动物科学	3
核工程与核技术	3	核工程与核技术	3	生物技术	3
信息对抗技术	3	信息对抗技术	3	物流管理	3
农学	3	农学	3	植物生产类	3
建筑学	3	建筑学	3		
动物科学	3	动物科学	3		
物流管理	3	物流管理	3		

注: 1. 建筑学专业要求具备美术基础，考生进校后学校将组织相关测试。

2. 化工与制药类包含能源化学工程、制药工程。

3. 矿业类包含采矿工程、矿物加工工程。

4. 电子信息类包含电子信息工程、通信工程、光电信息科学与工程。

5. 建筑类包含建筑学、城乡规划。

6. 机械类包含机械设计制造及其自动化、材料成型及控制工程、工业设计、过程装备与控制工程。

7. 计算机类包含计算机科学与技术、软件工程、信息安全、物联网工程。

8. 兵器类包含特种能源技术与工程、信息对抗技术。

9. 核工程类包含核工程与核技术、辐射防护与核安全、核化工与核燃料工程。

10. 材料类包含材料科学与工程、材料物理、功能材料。

11. 数学类包含数学与应用数学、信息与计算科学。

12. 土木类包含土木工程、建筑环境与能源应用工程。

13. 植物生产类包含农学、园艺。

2018 年相较于 2017 年，录取专业未变，专业录取人数未发生变化。

2019 年相较于 2018 年，录取专业有所变化，将多个专业合并为大类招生，并在大类中增加录取专业，其中矿业类增加"矿物加工工程"，电子信息类增加"通信工程""光电信息科学与工程"，建筑学类增加"城乡规划"，机械类增加"机械设计及其自动化""工业设计"，计算机类增加"计算机科学与技术"，兵器类增加"特种能源技术与工程"，核工程类增加"材料物理和功能材料"，数学类增加"数学与应用数学"，土木类增加"建筑环境与能源应用工程"，植物生产类增加"园艺"。

根据第 6 章关于"影响投档位次不稳定的原因"的阐述，大类招生可能会影响院校的投档位次，但该校大类中增加的专业级别不明，不便于预测院校最低投档位次，所以需继续查看专业录取数据。

（3）专业录取数据

如图 6.6 所示，考生 2017 年同位分为 494 分，最低录取分数低于 494 分的专业有生物技术、农学、能源化学工程、核工程与核技术、过程装备与控制工程、动物科学、采矿工程、材料成型及控制工程，最低录取专业采矿工程、材料成型及控制工程等的录取分数为 492，对应位次区间为 [22 652，23 041]，该区间下限位次比考生靠后 1 141 个位次。

如图 6.7 所示，考生 2018 年同位分为 531 分，最低录取分数低于 531 分的专业有多个，采矿工程、材料成型及控制工程最低录取分数是 529 分，对应位次区间是 [22 368，23 138]，相比 2017 年最低分区间下限位次靠后 97 个位次，位次变化较稳定。该区间下限相较于考生靠后 1 238 个位次。

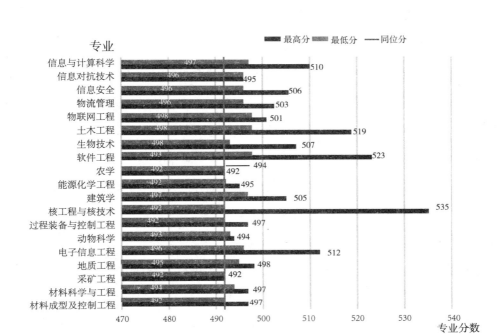

图 6.6　西南科技大学 2017 年录取数据

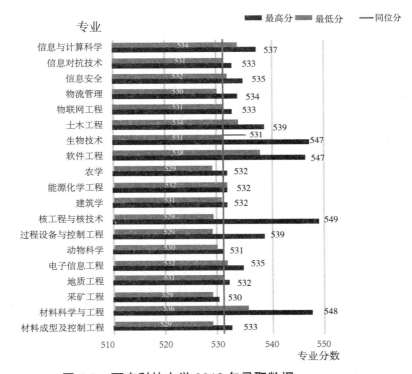

图 6.7　西南科技大学 2018 年录取数据

综合专业分析，考生有机会进入该校，可选择多个专业。

（4）院校资料及分析

查阅该校相关信息，该校坐落于中国科技城——四川省绵阳市，是四川省人民政府、国家国防科技工业局、教育部共建高校，被教育部确定为国家重点建设的西部14所高校之一，是小211工程院校。在环境友好能源材料、先进建筑材料、控制工程与智能系统、特殊环境机器人技术、环境安全技术、城市污水和固体废物处理及资源化、核废物处理处置技术、农业生物质资源循环利用等科研方向上极富特色和传统优势。

该校在最新自然指数中国内地高校TOP200的排名中位列第98名。在2018年中国高等教育学会公布的"中国高校创新人才培养暨学科竞赛评估"结果中，该校荣登百强校之列，居全国第51位。

该校有多个博士、硕士学位授权点，有2个四川省"双一流"建设学科（群）、4个省级优势学科；材料物理与化学、材料学、环境科学与工程等11个学科是省级重点学科；材料科学与工程、自动化、环境工程等6个学科是国家特色专业建设点；电子信息工程专业是国防重点专业，生物技术本科专业是学校十大品牌专业之一。

2019年该校增加专业，合并大类招生，大类中的专业有变化，如材料类中增加的材料物理、功能材料，这两个专业是该校材料科学与工程学院中的一般本科专业；在土木工程类专业中，土木工程专业是该校博士点建设支撑学科之一，是四川省特色建设专业，而增加的"建筑环境与能源应用工程"专业通过了住建部的专业评估；在植物科学中，农学本科专业被列为国家级特色专业建设点，园艺是一般本科专业。考生需一一查看并分析记录其他录取专业的变化情况。

该校师资力量雄厚，有多个国家重点实验室和研究中心，国外、校外合作平台成熟，完成了"973""863"计划、国家科技支撑计划、国家自然科学基金重点项目、国家重大仪器专项、国防重点项目等多个国家重大项目并取得了不错的成绩。

2019年增加的专业中有多个一般本科专业，且合并大类招生，以2018年专业录取分数为参考，在2019年录取专业中，低于考生同位分专业的录取人数在总录取人数中占比较大，虽处于录取人数的下段，但综合以上各个可能影响位次波动的因素，预计2019年最低投档位次与2018年相差不大或略有下降，考生位次21 900，有机会进入该校。参考第5章填报策略的阐述，选择了6个考生可能被录取的专业，具体专业顺序安排如表 6.4 所示（因分析方法相同，故未展示 2017 年相对 2016 年专业变化的分析过程）。该志愿表的结果安排是在院校录取规则为以"分数（位次）优先"为前提下进行的。

表 6.4　选择的专业及分析预测

院　校	专　业	类　型
西南科技大学	数学类	"冲"
	计算机类	"冲"
	矿业类	"稳"
	材料类	"稳"
	生物技术	"保"
	植物生产类	"保"

3. 山东科技大学

（1）录取数据

如图 6.8 所示，院校最低投档位次相差不大，位次波动不大。2016 年无最高录取位次。2017 年与 2018 年最高录取位次相差 8 521 个位次，位次波动较大。

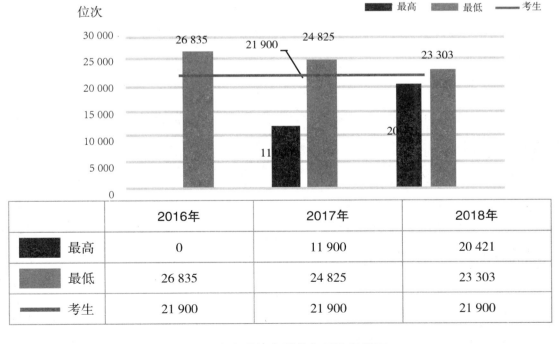

		2016年	2017年	2018年
■	最高	0	11 900	20 421
	最低	26 835	24 825	23 303
—	考生	21 900	21 900	21 900

图 6.8　山东科技大学往年录取数据图

考生位次比 2017 年最低投档位次靠前 2 925 个位次，比 2018 年最低投档位次靠前 1 403 个位次。

在院校及专业变化不大的情况下，考生以该位次可以进入该校，下面继续分析院校及专业的变化。

（2）录取专业对比

经查该校往年招录的专业计划如表 6.5 所示。

表 6.5　山东科技大学往年录取专业对比

2017年录取专业	人　数	2018年录取专业	人　数	2019年录取专业	人　数
机械设计制造及其自动化	2	机械设计制造及其自动化	2	软件工程	4
车辆工程	8	车辆工程	8	车辆工程	8
电气工程及其自动化	2	电气工程及其自动化	2	电气工程及其自动化	2
软件工程	4	软件工程	4	会计学	2
会计学	2	会计学	2	机械设计制造及其自动化	2

通过对比发现，该校三年的录取专业及录取人数均未发生变化。

（3）专业录取数据

通过查找院校往年专业具体数据发现，该校未公布往年专业的录取分数，不便于预测该校 2019 年的投档位次及安排专业填报顺序，所以需继续查看、分析院校相关信息后再预测。

（4）院校资料及分析

查阅院校相关信息，该校建校于 1951 年，是一所工科优势突出的综合类院校，是山东省人民政府与原国家安全生产监督管理总局共建高校。该校有多个博士、硕士学位授权点，采矿工程是国家重点（培育）学科，土木工程、安全工程、电子信息工程、自动化等 8 个学科是国家级特色专业，机械电子工程、计算机软件与理论、应用数学等 15 个学科是山东省十二五重点学科，另外还有 5 个山东省一流学科和 19 个省市级重点学科。工程学、数学、化学、材料科学这 4 个学科进入 ESI 全球排名前 1%。

该校师资力量雄厚,有多个校外合作交流院校,多项国际合作项目,承担国家级科研课题 368 项,省部级项目 880 项。获得省部级以上科研奖励 246 项,授权国家发明专利 1 272 项。学校科技园是科技部、教育部共同认定的"国家大学科技园"和"高校考生科技创业实习基地"。

在录取专业中,软件工程属于计算机科学与工程学院,是仅次于计算机科学与技术(国家级特色专业)的专业;会计学和车辆工程有专业硕士学位授权点;电气工程及其自动化是电气与自动化工程学院开设专业,该学院开设三个专业,其中只有控制科学与工程处于 2019 年软科中国最好学科排名第 31 位,进入前 16%;其他录取专业为一般专业。

因无具体专业的录取分数,对院校专业录取分数及顺序的预测可能不准确,根据往年院校最低投档位次,综合考虑以上各个可能影响位次波动的因素后,预测 2019 年该校在考生所在省份的最低投档位次与 2018 年相比相差不大,考生位次 21 900 有机会进入该校,结合该院校在本省的专业录取情况,参考第 5 章填报策略的阐述,选择了 5 个考生可能被录取的专业,具体专业顺序安排如表 6.6 所示(因分析方法相同,故未展示 2017 年相对 2016 年专业变化的分析过程)。该志愿表的结果安排是在院校录取规则为以"分数(位次)优先"为前提下进行的。

表 6.6　选择的专业及分析预测

院　校	专　业	类　型
山东科技大学	软件工程	"冲"
	会计学	"冲"
	电气工程及其自动化	"稳"
	机械设计制造及其自动化	"稳"
	车辆工程	"保"

根据以上三所院校的分析方法,同理分析表 6.1 中的其他各个院校,若没有选择到合适的院校,就扩大位差筛选范围,继续按照相同的分析方法分析,直到选择到合适的院校,完成志愿填报。

6.1.6 合理安排志愿表

表 6.7 是该考生合理安排院校顺序和专业顺序后志愿填报的部分院校安排（详见第 5 章）。

分析院校时，如果有的院校往年专业数据不全或无专业具体数据，考生可以参考院校在院校所在省的专业招录情况，参考第 5 章分析方法，综合考虑分析后再预测填报（考生可填报的专业个数最好都写满，不要浪费任何可选择的机会）。

表6.7　最终院校及专业安排表

顺　序	院　校	专　业	类　型
第*N*所	西南科技大学	数学类	"冲"
		计算机类	"冲"
		矿业类	"稳"
		材料类	"稳"
		生物技术	"保"
		植物生产类	"保"
第*M*所	山东科技大学	软件工程	"冲"
		会计学	"冲"
		电气工程及其自动化	"稳"
		机械设计制造及其自动化	"稳"
		车辆工程	"保"
……	……	……	……

6.2　专业优先

有的考生某些科目或成绩比较突出，想学习与自己能力匹配的相关专业，有的考生根据家长、朋友的建议，只想学习某些类别的专业，那么这样的考生筛选院校时，又该如何筛选呢？

考生想选择的意向专业一般是所选院校的优势专业或较好专业，如果考生想有更大把握被意向专业录取（不被调剂），那么在筛选时应以院校历年的最低录取位次为基准，自由缩小位差范围（位差为正值），选择该较小范围内的院校，再逐一分析所筛选的院校。对于位次波动较大的院校，考生应逐一寻找可能影响位次变化的原因，综合各种因素的影响，预测院校（专业）最低投档位次（分数），剔除自己不可能进的院校，保留进入机会大的院校；对于位次波动不大的院校，考生应逐一查看录取专业的分数（位次），判断其稳定性，分析可能影响位次变化的因素，综合各因素后预测院校（专业）最低录取位次，剔除自己不可能进的院校，保留进入机会大的院校。

初步确定院校后，考生需再次逐一对比院校环境、地理位置、师资力量等信息，选择最符合自身意愿的院校（专业），合理安排志愿填报顺序。

分析院校时，考生应查看院校各个专业的录取分数，分析意向专业的分数（位次）变化以及意向专业在所有招录专业中所处位置（层次），再结合院校其他影响位次波动的因素，综合考虑预测院校（专业）的位次，判断能被录取的机会大小。

以下是以 2018 年及 2017 年的录取数据为参考，为 2019 年乙考生填报志愿做的案例分析，仅供考生及家长参考。

6.2.1　专业优先思维导图

专业优先思维导图如图 6.9 所示。在这里要提醒大家，选择目标专业风险较大，考生及家长分析之后自己判断被目标专业录取的可能性大小。所有的数据都只能辅助考生及家长判断被录取的可能性，数据不能成为决定性的依据。

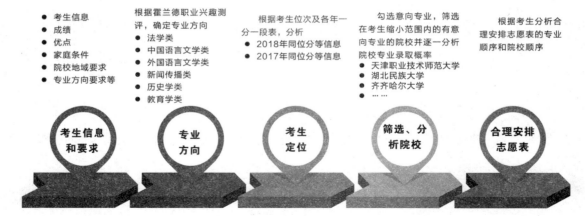

- 考生信息
- 成绩
- 优点
- 家庭条件
- 院校地域要求
- 专业方向要求等

根据霍兰德职业兴趣测评，确定专业方向
- 法学类
- 中国语言文学类
- 外国语言文学类
- 新闻传播类
- 历史学类
- 教育学类

根据考生位次及各年一分一段表，分析
- 2018年同位分等信息
- 2017年同位分等信息

勾选意向专业，筛选在考生缩小范围内的有意向专业的院校并逐一分析院校专业录取概率
- 天津职业技术师范大学
- 湖北民族大学
- 齐齐哈尔大学
- ……

根据考生分析合理安排志愿表的专业顺序和院校顺序

考生信息和要求　　专业方向　　考生定位　　筛选、分析院校　　合理安排志愿表

图 6.9　专业优先思维导图

6.2.2　考生信息和要求

考生乙信息：女，××省考生，文科，汉族。

考生成绩：2019 年分数 520，位次 15 490。语文 110，数学 100，英语 120，文综 190。

考生体检：身高 160 cm，身体正常，无口吃，体检合格。

考生家庭条件：家庭条件一般，中外合作类、海外分校、高收费专业学校不考虑。定向录取或是免费生录取的学校不考虑。

地域要求：无。

院校要求：无。

位次需要换算（估算）或修正的各省（市、区）的考生，详见第 5 章数据说明，换算位次。

6.2.3　专业方向

考生参考专业分析方法，结合自身的兴趣和优点，选择了以下专业方向（详见第 4 章，如法学类方向是考生根据其公考、专业技术性、工作环境、就业面等方面，并结合自己的兴趣方向确定的），且意向性由强到弱，优先选择意向性较强的专业，若院校都有考生意向专业时，按照意向性强弱排专业顺序。

（1）法学类（法学、知识产权学、监狱学）。

（2）汉语言文学、汉语学、汉语国际教育、应用语言学（包含在中国语言文学类中）。

（3）英语、商务英语、翻译（包含在外国语言文学类中）。

（4）新闻学、广播电视学、编辑出版学、网络与新媒体（包含在新闻传播学类中）。

（5）历史学（包含在历史学类中）。

（6）教育学、小学教育、学前教育（包含在教育学类中）。

6.2.4　考生定位

查看各年一分一段表，换算同位分，定位考生位次区段。

2019 年：文科 520 分，位次区间在 [15 221，15 521]，同分人数 301 人。考生位次 15 490 位于该位次区间的中偏下。一本线为 542 分，同分人数 220 人，位次区间在 [9 565，9 784]，考生比一本线低 22 分，位次靠后 5 705。

2018 年：15 490 ∈ [15 365，15 654]，所以 2018 年的同位分为 551，同分人数 290 人，位次区间在 [15 365，15 654]，考生位次在同分区间的中段。一本线为 575 分，同分人数 225 人，位次区间在 [9 480，9 704]，考生同位分比一本线低 24 分，位次靠后 5 786。

2017 年：15 490 ∈ [15 212，15 521]，所以 2017 年的同位分为 527，同分人数 310 人，位次区间在 [15 212，15 521]，考生位次在同分区间偏下。一批线为 545 分，同分人数 210 人，位次区间在 [10 494，10 703]，考生同位分比一本线低 18 分，位次靠后 4 787。

综上一分一段表结果，考生成绩为二本偏上段，同分人数变化不大，同位分与往年批次线的差距变化不大（即批次线上人数稳定），因考生位次（分数）离批次线较近，需预留足够的位次（分数）空间，以防止一本线上的考生降批次填报。

6.2.5　筛选、分析院校

考生有意向专业，选择了专业优先的筛选方式，在"清晰志愿 APP"中分别填写意向专业，自行设定较小的位差范围，筛选该范围内的有意向专业的院校，同时结合查看 2017 年、2016 年位差，保留符合自己设定的位差范围内的院校，表 6.8 展示了考生筛选出来的有意向专业的部分院校（专业以序号代替）。

表 6.8　综合筛选的院校（部分）

专　业	学　校	2018年	2018年	2017年	2016年
		投档位次	位　差	位　差	位　差
①	湖北文理学院	17 825	+2 335	+5 313	+4 597
	齐齐哈尔大学	18 116	+2 626	+4 893	+6 207
	湖北民族大学	19 419	+3 929	+4 735	+5 661
	……				
②	盐城师范学院	19 777	+4 287	+6 020	+7 221
	太原师范学院	19 912	+4 422	+6 734	+6 730
	四川民族学院	19 929	+4 439	+5 390	+5 020
	……				
③	天津职业技术师范大学	15 772	+282	2 863	+4 377
	泉州师范学院	17 225	+1 735	+4 591	+4 917
	贵阳学院	19 720	+4 230	+5 221	+4 634
	……				
④	湖南科技学院	16 719	+1 229	+6 008	+6 578
	海南热带海洋学院	18 943	+3 453	+7 130	+8 463
	四川大学锦城学院	19 708	+4 218	+9 048	+11 673
	……				
⑤	贵州师范学院	17 463	+1 973	+3 523	+4 593
	新疆师范大学	18 516	+3 026	+8 732	+8 814
	遵义师范学院	19 356	+3 866	+5 544	+6 066
	……				
⑥	陕西学前师范学院	19 286	+3 796	6 649	+8 772
	佳木斯大学	19 966	+4 476	8 086	+6 543
	洛阳师范学院	20 018	+4 528	+5 896	+6 325
	……				

在以上筛选出来的院校中，考生根据选择的专业，在每个序号专业类别中逐一查阅分析院校及院校专业录取情况，分析可能影响位次变化的因素，综合考虑后预测院校的位次变化，在每个专业中挑选出 1 ～ 2 所最好的、最可能进的院校，最后再综合对比排出志愿院校填报顺序和专业顺序。下面以序号③专业中的天津职业技术师范大学和序号①专业中的齐齐哈尔大学、湖北民族大学为例展开分析。

1. 天津职业技术师范大学

（1）录取数据

如图 6.10 所示，院校最低投档位次逐年靠前，且位次波动相对不大，考生位次在2017 年最低投档位次与最高录取位次的中上段，在 2018 年最低投档位次和最高录取位次的下段。

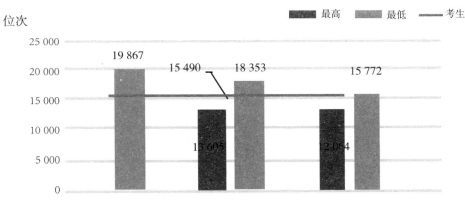

图 6.10　天津职业技术师范大学往年录取数据图

		2016年	2017年	2018年
	最高	—	13 605	12 064
	最低	19 867	18 353	15 772
	考生	15 490	15 490	15 490

以 2018 年最低投档位次为参考，考生位次 15 490 与最低投档位次相差 282 个位次，在院校及专业变化不大的情况下，考生有机会进入该校。

由于考生是以专业优先选学校，故还需继续查看专业情况。

（2）录取专业对比

经查该校往年招录的专业计划如表 6.9 所示。

相比 2017 年，2018 年减少电子商务（师范）、劳动与社会保障学专业，总录取人数减少。

表 6.9　天津职业技术师范大学录取专业对比

2017年录取专业	人 数	2018年录取专业	人 数	2019年录取专业	人 数
电子商务（师范）	4	应用心理学（师范）	4	英语（师范）	1
劳动与社会保障	4	教育学	3	财务会计教育（师范）	3
财务会计教育（师范）	4	日语	3	工业设计	1
人力资源管理	3	英语（师范）	3	金融学	4
金融学	4	财务会计教育（师范）	4	教育学（师范）	2
日语	3	人力资源管理	4	日语	3
应用心理学	4	金融学	4	信用管理	2
教育学（师范）	2			人力资源管理	3
英语（师范）					

相较于 2018 年，2019 年减少了应用心理学（师范）专业，增加了工业设计、信用管理专业，总录取人数减少。

（3）专业录取数据

如图 6.11 所示，考生 2017 年同位分为 527 分，考生意向专业英语最低分 529，位次区间为 [14 599，14 902]，最高分 531，位次区间为 [14 005，14 287]，考生位次 15 490 比最低录取位次靠后 588 个位次。

意向专业教育学最低分 528，位次区间为 [14 903，15 211]，最高分 528，位次区间为 [14 903，15 211]，考生位次 15 490 比最低录取位次靠后 279 个位次。

如图 6.12 所示，考生 2018 年同位分为 551 分，考生意向专业英语最低分 559，位次区间为 [13 229，13 481]，最高分 564，位次区间为 [11 940，12 187]，考生位次 15 490 比最低录取位次靠后 2 009 个位次。

考生意向专业教育学最低分 553，位次区间为 [14 815，15 094]，最高分 559，位次区间为 [13 229，13 481]，考生位次 15 490 比最低录取位次靠后 396 个位次。

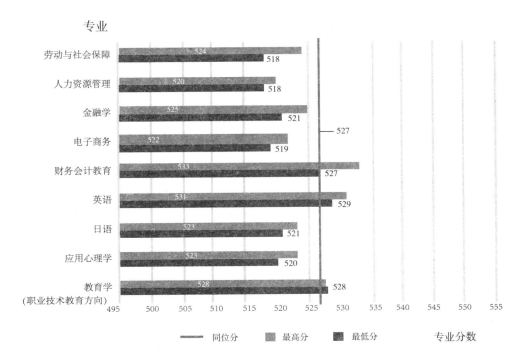

图 6.11 天津职业技术师范大学 2017 年录取数据图

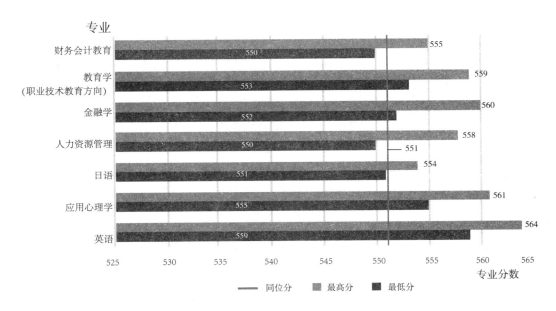

图 6.12 天津职业技术师范大学 2018 年录取数据图

相较于 2017 年，2018 年考生意向专业录取分对应位次靠前。经查，其中教育学一级学科有硕士点，是省部级重点学科、天津市品牌专业，且该院校专业偏重理工科，与考生意向专业方向不符。在 2019 年录取专业中，符合考生意向的只有英语、教育学专业，且这些专业往年的专业录取分数对应位次均高于考生位次，预计当年位次可能会略靠前，所以考生被英语、教育学专业录取的机会不大，若勉强填报专业被调剂的风险非常大，不符合考生填报意向，因此不考虑该校。

2. 湖北民族大学

（1）录取数据

如图 6.13 所示，该院校最低投档位次和最高录取位次变化不大，2017、2018 年考生位次都在最低投档位次与最高录取位次的中段。

以 2018 年最低投档位次为参考，考生位次 15 490 比最低投档位次靠前 3 929 个位次，在院校及专业变化不大的情况下，考生可以进入该校。

由于考生是以专业优先选学校，故还需继续查看专业情况。

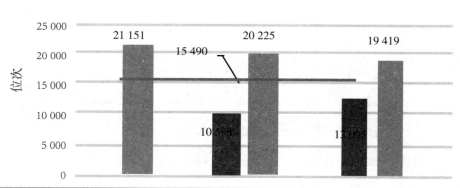

		2016年	2017年	2018年
	最高	0	10 598	13 096
	最低	21 151	20 225	19 419
	考生	15 490	15 490	15 490

图 6.13　湖北民族大学往年录取数据图

（2）录取专业对比

经查该校往年招录的专业计划如表 6.10 所示。

表 6.10　湖北民族大学往年录取专业对比

2017年录取专业	人数	2018年录取专业	人数	2019年录取专业	人数
编辑出版学	3	汉语言文学	4	中医学	4
会计学	3	广播电视学	3	翻译	4
汉语言文学	3	编辑出版学	2	经济与金融	4
国际经济与贸易	2	新闻学	2	日语	2
广播电视学	3	日语	2	商务英语	4
公共事业管理	3	政治学与行政学	2	英语	4
翻译	3	法学	4	旅游管理	4
法学	3	社会学	2	国际经济与贸易	4
城乡规划	2	社会工作	2	法学	8
人文地理与城乡规划	2	思想政治教育	2	小学教育	2
日语	2	城乡规划	4	思想政治教育	3
商务英语	3	英语	4	社会学	4
社会工作	4	翻译	4	汉语言文学	4
社会学	4	中医学	4	新闻传播学类	8
旅游管理	2	经济与金融	4	市场营销	4
经济与金融	3	财务管理	4		
中医学	2	市场营销	4		
政治学与行政学	3	国际经济与贸易	4		
英语	3	旅游管理	4		
新闻学	3	公共事业管理	3		
思想政治教育	3				

注： 1. 汉语言文学、思想政治教育、英语、小学教育是师范招生专业。

2. 新闻传播学类包含广播电视学、编辑出版学、新闻学专业。

相较于 2017 年，2018 年录取专业中减少了会计学、人文地理与城乡规划、商务英语专业，增加了财务管理、市场营销专业。总录取人数增加。

相较于 2018 年，2019 年录取专业中减少了政治学与行政学、社会工作、城乡规划、财务管理、公共事业管理专业，增加了商务英语、小学教育（师范）专业。将 2018 年的广播电视学、编辑出版学、新闻学专业合并为新闻传播学类大类招生。总录取人数减少。

（3）各专业的录取数据

查找院校往年专业具体数据，该校未公布往年专业的录取分数，不便于预测该校 2019 年的投档位次及安排专业填报顺序，所以需继续查看院校相关信息后再预测。

（4）院校简介及分析

查阅该校院校相关信息，该校是以本科教育为主的省属重点建设普通本科综合类院校，入选第一批卓越农林人才教育培养计划、卓越医生（中医）教育培养计划，是四川大学、华中师范大学对口支援高校，CDIO 工程教育联盟成员单位。该校历史可溯源于 1938 年建立的湖北省立联中乡村师范分校，后更名为湖北民族学院，至 2018 年 11 月，经教育部批准，由湖北民族学院更名为湖北民族大学（院校升级）。该校办学质量和层次不断提升，师资队伍结构合理、素质良好。该校积极开展国际交流与合作，与多个国家大学建立友好合作关系，并招收临床医学专业外国留考生和汉语进修生。2017 年，该校的汉语言文学专业正式获批中国语言文学一级学科硕士点。

国家级特色专业有化学、园艺、数学与应用数学。

湖北省品牌专业有数学与应用数学、化学、食品科学与工程、园艺。

第三批特色专业有数学与应用数学。

湖北省综合改革试点专业有数学与应用数学、电气工程及其自动化、旅游管理、会计学、生物工程、法学、林学。

国家级综合改革试点专业有园艺。

湖北省战略性新兴（支柱）产业人才计划项目实施专业有应用化学、制药工程、旅游管理、食品科学与工程、生物工程、电气工程及其自动化、自然地理与资源环境。

第一批卓越农林人才教育培养计划改革试点专业有园艺、林学。

国家级卓越医生（中医）教育培养计划改革试点专业有中医学。

"十二五"湖北省重点（培育）学科、国家民委重点学科有中国语言文学。

综上所有资料信息，我们可以预测该校 2019 年录取位次会较 2018 年略靠前。在该校 2019 年的招生专业中，符合考生意向的有翻译、商务英语、英语（师范）、法学、小学教育（师范）、汉语言文学（师范）、新闻传播学类专业，录取人数相对较多，可选的意向专业多。其中，法学、汉语言文学专业较其他专业稍好。根据往年的最低录取位次，预计考生位次 15 490 有机会被录取，参考填报策略的方法（详见第 5 章），选择了以下专业并安排专业顺序，如表 6.11 所示（该志愿表的结果安排是在院校录取规则为以"分数（位次）优先"为前提下进行的）。

表 6.11　选择的专业及分析预测

院　　校	专　　业
湖北民族大学	法学
	汉语言文学（师范）
	英语（师范）
	商务英语
	翻译
	新闻传播学类

3. 齐齐哈尔大学

（1）录取数据

从图 6.14 中我们可以看出，齐齐哈尔大学院校最低投档位次和最高录取位次变化不大，且逐年靠前。2016 年、2017 年，考生位次比最高录取位次靠前；2018 年，考生位次在最低投档位次与最高录取位次的中段。

以 2018 年最低投档位次为参考，考生位次 15 490 比最低投档位次靠前 2 626 个位次，在院校及专业变化不大的情况下，考生可以进入该校。

由于考生是以专业优先选学校，故还需继续查看专业情况。

（2）录取专业对比

经查该校往年招录的专业计划如表 6.12 所示。

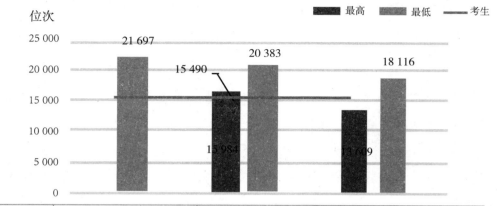

图 6.14　齐齐哈尔大学院校往年录取数据图

		2016年	2017年	2018年
■	最高	0	15 984	13 609
▨	最低	21 697	20 383	18 116
▬	考生	15 490	15 490	15 490

表 6.12　齐齐哈尔大学往年录取专业对比

2017年录取专业	人数	2018年录取专业	人数	2019年录取专业	人数
国际经济与贸易	1	汉语言文学	3	学前教育（师范）	4
法学类	4	教育学类	8	中国语言文学类	4
俄语（师范）	2	哲学	2	哲学	2
汉语国际教育	5	国际经济与贸易	1	国际经济与贸易	1
教育学类	4	法学类	10	外国语言文学类（需口试）	5
日语	2	汉语国际教育	5	广播电视学	4
汉语言文学	3	英语（需口试）	3	日语	2
英语（需口试）	4	日语	2	应用心理学	2
应用心理学	2	朝鲜语	2	历史学（师范）	2
新闻传播学类	4	新闻传播学类	2	思想政治教育（师范）	4
历史学（师范）	3	历史学（师范）	2	酒店管理	2
朝鲜语	2	应用心理学	3	朝鲜语	2

2017年录取专业	人 数	2018年录取专业	人 数	2019年录取专业	人 数
工商管理类	5	工商管理类	4	工商管理类	5
物流管理	2	物流管理	2	法学	2
酒店管理	3	酒店管理	4	汉语国际教育	4
哲学	1				

注: 1. 法学类包含法学、政治学与行政学、社会工作、思想政治教学（师范类）。

2. 教育学类包含教育学（师范类）、教育技术学、学前教育（师范类）。

3. 新闻传播学类包含新闻学、广播电视学。

4. 工商管理类包含工商管理、市场营销、财务管理。

5. 中国语言文学类包含汉语言文学（师范类）、汉语言文学。

6. 外国语言文学类包含英语（师范类）、英语。

相较于 2017 年，2018 年录取专业减少了俄语（师范）专业，总录取人数增加。

相较于 2018 年，2019 年录取专业减少了物流管理专业，2018 年教育学类中的学前教育、法学类中的法学和思想政治教育、新闻传播学类中的广播电视学变为单个专业招生，汉语言文学被纳入中国语言文学类招生，英语被纳入外国语言文学类招生。总录取人数减少。

（3）专业录取数据

如图 6.15 所示，考生 2017 年同位分高于考生意向专业的最高分数，专业具体位次如下。

新闻传播学类最低分 497，位次区间为 [26 327，26 762]，最高分 516，位次区间为 [18 751，19 095]，考生位次 15 490 比最高分对应位次下限靠前 3 605 个位次。

历史学（师范）最低分 512，位次区间为 [20 156，20 547]，最高分 517，位次区间为 [18 400，18 750]，考生位次 15 490 比最高分对应位次下限靠前 3 260 个位次。

英语最低分 513，位次区间为 [19 824，20 155]，最高分 524，位次区间为 [16 138，16 467]，考生位次 15 490 比最高分对应位次下限靠前 977 个位次。

汉语言文学最低分 521，位次区间为 [17 094，17 395]，最高分 522，位次区间为 [16 782，17 093]，考生位次 15 490 比最高分对应位次下限靠前 1 603 个位次。

教育学类最低分 495，位次区间为 [27 193，27 646]，最高分 517，位次区间为 [18 400，18 750]，考生位次 15 490 比最高分对应位次下限靠前 3 260 个位次。

汉语国际教育最低分 494，位次区间为 [27 647，28 086]，最高分 518，位次区间为 [18 070，18 399]，考生位次 15 490 比最高分对应位次下限靠前 2 909 个位次。

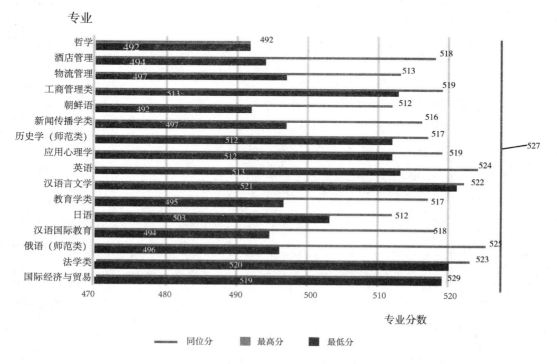

图 6.15　2017 年各专业录取分数

法学类最低分 520，位次区间为 [17 396，17 755]，最高分 523，位次区间为 [16 468，16 781]，考生位次 15 490 比最高分对应位次下限靠前 1 291 个位次。

如图 6.16 所示，考生 2018 年同位分为 551 分，均高于考生意向专业的最低分数，专业具体位次如下。

历史学（师范）最低分 550，位次区间为 [15 655，15 946]，最高分 552，位次区间为 [15 095，15 364]，考生位次 15 490 比最低分对应位次下限靠前 456 个位次。

新闻传播学类最低分 547，位次区间为 [16 513，16 818]，最高分 551，位次区间为 [15 365，15 654]，考生位次 15 490 比最低分对应位次下限靠前 1 328 个位次。

英语最低分 549，位次区间为 [15 947，16 220]，最高分 554，位次区间为 [14 542，14 815]，考生位次 15 490 比最低分对应位次下限靠前 730 个位次。

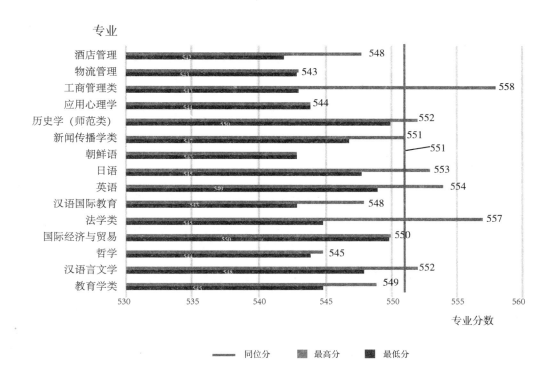

图 6.16　2018 年各专业录取分数

汉语国际教育最低分 543，位次区间为 [17 734，18 061]，最高分 548，位次区间为 [16 221，16 512]，考生位次 15 490 比最低分对应位次下限靠前 2 571 个位次。

法学类最低分 545，位次区间为 [17 112，17 419]，最高分 557，位次区间为 [13 737，13 990]，考生位次 15 490 比最低分对应位次下限靠前 1 929 个位次。

汉语言文学最低分 548，位次区间为 [16 221，16 512]，最高分 552，位次区间为 [15 095，15 364]，考生位次 15 490 比最低分对应位次下限靠前 1 022 个位次。

教育学类最低分 545，位次区间为 [17 112，17 419]，最高分 549，位次区间为 [15 947，16 220]，考生位次 15 490 比最低分对应位次下限靠前 1 929 个位次。

根据往年各专业录取分数（位次）的对比，考生很有可能进入该校的意向专业，故需继续查看院校详细信息。

（4）院校简介及分析

通过查阅齐齐哈尔大学简介、专业等相关信息，我们了解到以下信息。

该校始建于 1952 年，是黑龙江省西部地区唯一一所省属综合性普通高等学校、黑龙江省属三所综合性大学之一、黑龙江省高水平大学和黑龙江省高教强省（一期）

重点建设高校。1996 年，经教育部批准，由原齐齐哈尔轻工学院和原齐齐哈尔师范学院合并组建成为齐齐哈尔大学。此后，黑龙江省商业贸易学校、黑龙江省化学工业学校、克山师范专科学校相继并入。

2008 年，学校被黑龙江省政府确定为重点建设的十所高水平大学之一。

2018 年 2 月，学校入选黑龙江省高水平大学和优势特色学科建设高校。

国家级特色专业有英语、生物科学、服装与服饰设计、化学工程与工艺。

省级重点专业有化学工程与工艺、应用化学、制药工程、汉语言文学、生物科学、美术学、艺术设计、体育教育、英语、工商管理、轻化工程、过程装备与控制工程、教育学、高分子材料与工程、生物工程、法学、音乐表演。

获批的国家级"专业综合改革试点"建设项目有化学工程与工艺、生物科学。

获批的省级"专业综合改革试点"建设项目有高分子材料与工程、应用化学。

获批的省"卓越农林人才教育培养计划"有园艺。

校级重点专业有无机非金属材料工程、材料化学、机械设计制造及其自动化、数学与应用数学、信息与计算科学、历史学、生物技术、电子信息工程、通信工程、市场营销、财务管理、国际经济与贸易、食品科学与工程、食品质量与安全、俄语。

综合以上各信息，参考第 5 章分析方法，预测该校 2019 年录取位次较 2018 年略靠前。在该校 2019 年的招生专业中，符合考生意向的有学前教育（师范）、中国语言文学类、外国语言文学类、广播电视学、历史学（师范）、法学、汉语国际教育专业，根据往年专业录取数据，考生位次均比以上专业的最低录取分数对应位次靠前。在可知信息中，外国语言文学类、中国语言文学类、法学、历史学专业较其他专业稍好一些。考生在该校的意向专业较多，且有机会被录取，可以考虑选择该校。根据科学安排专业的填报策略（详见第 5 章），安排该校专业志愿表如表 6.13 所示（该志愿表的结果安排是在院校录取规则为以"分数（位次）优先"为前提下进行的）。

根据以上三所院校分析方法，同理分析筛选出表 6.8 中其他序号专业中的考生被录取机会大、最符合考生意向的院校，若没有选择到合适的院校，就扩大位差筛选范围，继续按照相同的分析方法分析，直到选择到合适的院校，完成志愿填报。

表 6.13　选择的专业及分析预测

院　校	专　业
齐齐哈尔大学	法学
	中国语言文学类：汉语言文学（师范类）、汉语言文学
	外国语言文学类：英语（师范类）、英语
	历史学
	广播电视学
	汉语国际教育（师范）

6.2.6　合理安排志愿表

表 6.14 是该考生合理安排院校顺序和专业顺序后志愿填报的部分院校安排（详见第 5 章）。

表6.14　志愿填报表

顺　序	院　校	专　业
第N所	湖北民族大学	法学
		汉语言文学（师范）
		英语（师范）
		商务英语
		翻译
		新闻传播学类
第M所	齐齐哈尔大学	法学
		中国语言文学类（汉语言文学（师范类）、汉语言文学）
		外国语言文学类（英语（师范类）、英语）
		历史学
		广播电视学
		汉语国际教育（师范）
……	……	……

　　分析院校时，如果有的院校往年专业数据不全或无专业具体数据，考生可参考院校在院校所在省的专业招录情况，参考第 5 章分析方法，分析可能被录取的专业的人数在总人数中的占比，综合考虑分析后再安排志愿表（考生可填报的专业个数最好都写满，不要浪费任何可选择的机会）。

　　本章案例设定的筛选范围是考生自定，以便于筛选分析，考生实际筛选时，若在设定的筛选范围内没有筛选到较好的院校或个数较少，可以再扩大筛选范围筛选，以选到合适院校为止。

第7章
毕业走向认知

这些问题你都知道吗？

- 问题一：你被调剂了，只能放弃吗？可以如何应对呢？

- 问题二：你觉得上大学后还需要学习吗？

- 问题二：大学毕业之后，就业、创业还是继续深造，你有方向吗？

- 问题三：未来毕业后，各方向的现状如何？你知道要具备什么能力吗？

- 问题四：大学中储备哪些能力可以为未来增加筹码呢？

- 问题五：在大学期间可以考取哪些证书？证书对以后的就业有什么作用？

◎思路梳理

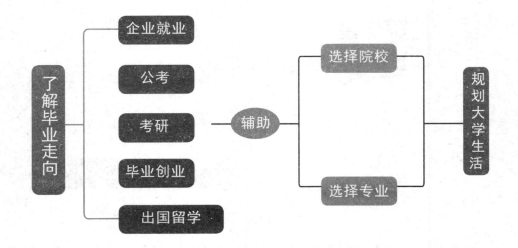

家长和考生对毕业就业方向要有正确的认识，尽量多咨询每个领域有一定建树的亲人或者朋友，从而规划考生未来就业走向，让考生在大学期间不会迷茫，有奋斗的目标，知道自己要提升什么能力，避免考生进入大学后荒废学业，浪费宝贵的大学时间。

　　每个人的人生路上，看到的风景不尽相同，所面临的选择自然也有所不同，有的人在迫不得已的情况下选择了继承家业，有的人在穷途末路的时候选择向现实妥协，也有人在纷繁复杂的社会中，仍然保持着学习奋进的心态。也许没有绝对的公平，但总有一些人生转折点，是需要自己进行选择的。比如，刚刚过去的高考、大学毕业之后的升学或就业。当你看到这里时，你或许已经完成了一次人生的选择。不管最后结果是不是让你满意，人生都要继续下去，那么你面对或憧憬、或无奈、或纠结的未来，又该如何认知、如何抉择呢？

　　其实，你即将面临的人生选择无外乎进入大学学习、复读和进入社会三种。复读和进入社会，不用多说大家也都明白，那么对于进入大学学习，你了解哪些信息呢？对大学生涯有规划吗？大学毕业后有什么安排呢？

　　从大方向来说，大学毕业后的你将要面临的其实就是企业就业、参加公考、自主创业、考研和出国深造这五个选择。但无论是哪种选择，在大学学习过程中，拥有明确的方向和扎实的能力技巧，都会为你未来的选择增加筹码。

接下来本章会对各个方向需要学习和储备的内容进行梳理，让将要进入大学的你对大学有更清晰的生涯认识。

你的专业是被调剂的吗？此时，你可能有"都被调剂了，生涯认知还有用？""算了，都被调剂了，随便混个毕业证吧，毕业再说"之类的想法。那就先看下面的内容吧！

7.1 专业调剂

面对被调剂录取的专业，考生和家长总有一种"这类专业是不好的专业"的直观感觉，其实更准确地说，这些专业只是不够热门。"不热门"不代表"不好"，时下热门专业的"热"主要是因为当下该专业对应行业的发展情况好，而这种情况每隔一段时间都会有一定变化，此时的风口所引起的专业热度或许会在未来你进入社会时消退，所以被调剂的你也要长远地看待你的专业。

高校所设置的专业都有一定的社会属性和国家意义，片面的思维容易限制考生和家长的认知，专业"冷"与"热"的最终评判权在学生手里，学生对被调剂的专业仔细审视后，说不定会有"转角遇到爱"的幸运情况发生，前提是不直接否定所谓的冷门专业。

先多方面了解自己被调剂录取的专业。如果真的是"转角遇到爱"，就把握好这次缘分，认真做好规划，努力学习。如果实在不喜欢调剂后的专业，足够优秀的你可以在不同时间段进行调整，如转专业、修双学位、跨专业考研、换行业工作等。

7.1.1 转专业

大部分学校在大一结束后会给学生一次转专业的机会，这是除重新参加高考外唯一一次在大学期间转专业的机会，虽然以后也有"补救"措施，但跟这次机会相比难度更高，专业认可度更低。如果要转专业，学生需要及时和班级辅导员沟通，早做准备。

可以转专业的学校通常都会对转专业有明确的文件要求，有的规定"只能在本院系中换专业"，有的要求"学生有某方面专长"，有的要求"学生成绩特别优秀"或"达到院系排名的前百分之几"，等等。总之，转专业对学生在大一期间的学习成绩和综合表现都会有较高的要求，且每所学校转专业的条件不同，名额也有限，所以转专业并不容易。因此，无论你对你的专业有多不满意，你都必须努力学好大一的专业功课。

7.1.2　双学位

如果到了大二才产生换专业的想法，你可以选择修双学位，这是继大一转专业之后又一个选择自己感兴趣的专业的机会。很多教学资源丰富的大学会开办双学位课程，在学有余力的情况下考生可以修另一门专业的学位，经过两到三年的学习，顺利完成答辩，拿到相应的专业学位。

值得注意的是，第二学位课程时间较第一学位短，专业涉及程度较浅，含金量有所下降。当然，并不是每个人都有较强的学习能力，学有余力，即本专业的成绩能达到要求，并能兼顾另一门专业的学习，很多对双学位有想法的同学也是被卡在这道门槛外。所以，最终还是要学好本专业的课程。

7.1.3　跨专业考研

考研，对部分同学来说是大学的第三次重新选择专业的机会，但选择机会的灵活度和时间跨度是相对的，从"高考填报、大一、大二到大三"依次递减，总之越早做出对的选择，所付出的成本就越小。在高等教育全民化的当下，研究生学历相当于以前精英教育时的本科学历，这种对比在两种教育模式和入学率上有明显体现，所以考研的人也越来越多。

读研有两种方式：一种是成绩优秀被院校保研，一般保本专业（本科学习的专业），跨专业也有机会，但难度相对较大，需要学生相关专业的考试达标或有某些证书；另一种是在高考结束的三年半后再次披挂上阵，参加大学最后一年（12月底）的全国研究生考试，这也是大多数跨专业学生的读研方式。

7.1.4　换行业工作

《2019年中国大学生就业报告》显示，2018届大学毕业生工作与专业的相关度只有66%，只有医学专业的就业相关度能达到90%以上。这不是特例，而是各个行业高速发展的结果。

当调查中问到"为什么选择与专业无关的工作？"时，大多数毕业生回答是"专

业工作不符合自己的职业期待"或"迫于现实先就业再择业"。基于大学生人数的增加和三大产业占比的不断变更，这种现状可能在未来的几年仍不会有太大改观。

所以，前期方向不明确或不喜欢被调剂专业的学生，毕业后大多不会从事与专业相关行业的工作。若早有换行业的想法，那么在大学期间就要早做准备，咨询师哥师姐，储备好目标行业所需知识和能力，了解相关行业发展等，以找到你真正的"对口工作"。

可见，只要你足够努力，足够认真，足够优秀，在大学期间甚至是毕业后你仍然有选择的机会，让你的人生出彩。所以，即使被调剂了，也不要有放弃的想法。

7.2　企业就业

若想好了大学毕业后选择企业就业，那你需要考虑以下几个方面。这样能更好地帮你选择现在报考的专业，也更利于你认识大学生涯，辅助毕业就业，规划未来人生。

7.2.1　就业前景

大学刚毕业就想要找到一份适合自身发展且待遇优厚的工作是比较困难的，一般情况下，毕业生所找的工作不是待遇不够好，就是发展前景不好，毕业生难有出头之日。在省会城市或发达城市的企业就业，虽然优势资源集中、平台广阔，有更多增长见识和选择的机会，大部分毕业生倾向与选择这类企业，但这里有各类高人聚集，竞争比较激烈。县城的企业类型少、薪资低、发展空间小，常常不是毕业生的首选目标，但在这里工作竞争较小，工作中你更能得到重视。所谓"鸡头凤尾"，不同的选择，就业前景自然不同。刚毕业就选择就业的你要根据自己的咨询、兼职、实习等找出一些自己感兴趣的行业（工作范围），并认清其发展现状和前景。每个行业都是一座金字塔，理想的工作大多存在于塔尖，兴趣打基础，长远看就业，才能更有动力学习工作技巧、积累工作经验，快速攀登到金字塔顶端。

若你毕业后选择企业就业，那么填报专业时就要考虑好专业的就业前景，以及未来的就业地域等因素。

7.2.2　就业方向

未来可供选择的就业方向多种多样，不同的就业方向也影响着你现在志愿填报专业的选择，总的来说有以下几个方向。

第一，根据自己的兴趣确定就业方向。无论是跨行业就业还是本专业就业，兴趣是大多数毕业生考虑的问题，选择自己感兴趣的工作方向，会让自己有更多的动力投入到工作中。因此，填报志愿时根据职业兴趣爱好来进行职业规划比较好。

第二，根据本专业（强项）确定就业方向。从进入大学开始，学生接触的都是与专业相关的知识和技能，选择本专业（强项）方向的工作，学以致用，更利于今后的发展。因此，填报专业时选能展现自己优势的专业比较好。

第三，根据性格特点确定就业方向。把握好性格特点，可以让工作事半功倍，比如性格活泼外向、善于沟通的人选择研究类的工作可能会觉得压抑，而选择交流多的工作，自己会更有成就感。因此，填报专业时选性格特点相符合的专业比较好。

第四，根据市场热度（需求度）确定方向。不管是否是本专业的相关工作，这个方向的就业相对较容易些，但对技术和能力有较高要求，要认真考虑后再选择。因此，填报专业时分析好专业发展前景，选择在未来需求度可能较大的专业比较好。

7.2.3　能力储备

能力储备是大学中一个最重要的部分，不管是何种工作，都最看重工作者的能力。所以，在选择专业时，考虑好自己对所选专业的学习内容、复杂程度是不是能接受，自己能不能很好地完成专业相关的知识和能力储备，之后再决定志愿填报选哪个专业比较好。

现在的企业主要分为大型企业和中小型企业两大类别，其招聘的机制和筛选标准也有很大区别。中小型企业人才结构不完整，对复合型人才需求量大，而大型企业有完整的人才结构，更需要专业技术性较强的人才。但不管是哪类企业，毕业生有过硬的实力，都能为就业增加筹码。

实力储备主要分硬实力储备和软实力储备。

1. 硬实力

硬实力指拿到自己相关专业技能的认证证书并能熟练操作，或有专业以外的其他实际操作的技能，如专业性较强的医学专业获得医师资格证并能熟练操作，专业性较弱的市场营销、劳动与社会保障等专业学生考到专业以外的证书并熟练掌握某些实际操作技能（办公软件、设计、制图等）。硬实力通常作为企业就业的敲门砖，是获得就业机会的前提，对升学也有一定的帮助，大学期间一定要早做准备，不要浪费时光。大学期间能考取的部分证书详见 7.7 节。

2. 软实力

软实力主要指学习能力和综合素质，学习能力一般体现在学习成绩和获得的荣誉上，而参加或组织社团活动、兼职、组织课外活动等则是综合素质水平的体现。软实力短期看似无太大实际价值，却是就业之后续航的保障，在竞聘人员拥有同等硬实力的情况下，企业更看重员工就职后的续航能力，大学期间要知识学习和能力拓展兼顾，练就过硬的实力，为择业就业增加筹码。

（1）学习成绩

大学科目繁多，各科学时不一，学分不同。各科总成绩是期末考试成绩和平时表现成绩按照不同比重构成的，不同院校各成绩所占比重会有差异。院校会划分不同分数区间，不同的分数区间对应不同的等级和不同的绩点（表 7.1）。

有的企业招聘时比较重视专业课程的成绩（即绩点），在面试时要求查看大学期间的成绩，因为绩点的高低在一定程度上反映了你专业知识的扎实程度。所以，进入大学的你也不能放飞自我，仍要努力学习。

表 7.1　某院校成绩划分

分数区间	等　级	绩　点
90~100	A	4.0
85~89	A–	3.7
82~84	B+	3.3
……	……	……

（2）荣誉证书

大学是一个开放的学习锻炼的场所，很多时候学生需要自觉努力地完成知识的学习，才能使自身具有一定的竞争力。国家励志奖学金、企业奖学金、班级优秀学生、优秀毕业生等能反映出你知识水平或院校成绩排名情况的奖项，就是需要努力自觉学习才能获得的。毕业后的你不能把各科成绩一一列在简历上，但是你能将展现学习水平的奖项列上去。这样企业在筛选简历时，在众多的竞聘者中就会更容易注意到你，从而使你获得更多竞聘机会。当然，实际能力也要和荣誉相匹配。

（3）国家级 / 省级 / 校级的竞赛

大学期间参加一些有价值的竞赛，如全国大学生英语竞赛、全国大学生数学建模竞赛、全国大学生电子设计竞赛等，不仅能使考生在保研、出国、获取奖学金上取得优势，还能开阔眼界，提升个人能力和综合素质。此外，一些团队赛还能锻炼参赛者的组织能力、沟通能力和领导能力，为择业、就业增加筹码，使他们在就业后能得心应手地投入工作。

（4）社团组织

社团主要包括学生会（有校级或院级）、协会、兴趣俱乐部及其他组织。每个社团都有自己的成立目的和涉及领域，社团干部和社员分工明确、职责清楚、相互协作，共同组织完成社团的每一个活动。它是一个模拟的社会小团体，学生在社团中活动和工作，能提升自己的执行能力和组织协调能力，提前适应社会工作的方式。

（5）兼职

大学兼职是提前融入社会最直接的方式。兼职一方面可以增加学生的社会阅历，锻炼个人能力；另一方面可以赚取一定的经济收入，培养学生自食其力的能力，减轻家庭负担。兼职大概可分为以下三类。

第一，偏向于执行能力的兼职，如发传单、促销、资料收集等。此类兼职一般都是由公司做好了实施方案后交予兼职生落实，对学生的专业能力没有较高的要求，易上手。学生在兼职过程中要对领导给予的方案中进行逆向思考，如方案这样做的原因是什么，这个方案的优点和缺点在哪儿，从而锻炼自身的策划能力。

第二，偏向于学生自主决策的兼职，如司仪、艺术设计、在线翻译、美工等。此类兼职需要学生具备某些方面的能力，并独立思考以满足领导或者顾客的需求。此类兼职可以培养学生自身的优势，若是兼职从事的行业是自己毕业后从事的行业，那么此类兼职还可以为未来的工作积累经验。

第三，偏向、注重领导能力的兼职，如家教、代练、中介等。此类兼职学生一般作为一个独立的个体去服务顾客，需要自主制订方案并落实。这类兼职对学生的自主决策能力、执行力、大局观都有不同程度的锻炼。但因为社会经验不够，学生在施行过程中容易因为缺少经验而发生错误，所以需要学生在决策的过程中谨慎考虑。

7.3   公考

一些学生或多或少会受到亲朋好友或是社会的影响，毕业后想直接参加公务员考试，进入公职人员的行列，在选择专业时，会优先考虑专业在公务员考试中的热门程度。但是，你了解公务员考试吗？是不是各个方面都准备好了呢？在大学期间又要准备什么？需要哪些能力呢？你是不是都能做到呢？

7.3.1   岗位优势

相比于一般工作，一般人认为公务员工作压力较小、稳定性较强、待遇较好。而且在父母辈眼中，公职人员拥有较高的社会地位，因为他们履行着国家行政职能，体现了较大的人生价值，获得更多的成就感。

压力较小，主要指公职人员在其位思其职，较少需要考虑未来的发展和走向等，要做的是完成相关的工作任务，服务好大众，完成考核；稳定性较强，指公职人员都有相关的规定和制度，只要不违法违规违纪，一般不会失业；待遇较好，指除基本工资、绩效、补贴和一般奖金外，公职人员按照国家规定还享受地区附加津贴，同时拥有更加完善的养老保障和医疗保障，符合规定的公职人员还能获得年终奖。

事实上真的是这样吗？

7.3.2   对公务员考试的认识

其实，不是所有的公职单位都与你想象的一样，所以以成为公务员为目标选择专业的你还是要对其有一定的认识，认真考虑好未来的工作方向，再决定报考什么样的专业。

认识公职的核心部门和一般部门。核心部门（如各级党委办公室、政府办公室、纪检等部门）是一个地方政府正常运转的权力中枢，负责上传下达、人事调配、执纪监察、立项审批等。这些部门的工作压力较大，加班加点是常态。虽然说累点苦点，但是进入领导行列的机会也更大，这是其他一般单位所不具有的优势。一般部门多是负责具体执行政策的单位，如科技、卫计、审计等部门，它们的职能比较专一，负责某一特定领域的政策落实和执法监管，基本上不用"5+2""白加黑"，付出少，升职机会也较少。

了解自己未来可能报考的地域。现在参加公务员考试的主要分为三类：第一类是参加本地公务员考试，因家庭背景、亲情、人脉资源都在，能更好地惠己及人；第二类是参加外地公务员考试，跳出去，换个环境，是更好证明自己价值的一条路；第三类是"广撒网"式的想法，考中哪里去哪里。选择毕业后参加公考的你在选择专业时，要考虑好自己今后的去向、未来想要报考的地区可能需要的岗位等，因为现实是残酷的，公务员考试不仅竞争激烈，岗位还有一定的对口性，因此更要慎重地选择自己的填报专业。想要报考外地的同学要考虑清楚，因为异地调动是比较困难的，一是遴选一般只面向本地区，二是遴选单位本来就已经有合适的人选了。当然，哪怕有了合适的专业，公务员考试的竞争仍然很激烈，需要较强的实力，因此要提前做好准备，不要让你的理想因实力不足而无法实现。

了解基层单位、市直及以上部门，直属机构、普通单位的区别，辅助高考志愿专业的选择，大学学习更有目标和方向。一般来说，县级是区分基层和市直及以上部门的分界线。在基层岗位，竞争相对较小，要求较低。但基层会更辛苦，特别是乡镇一级的公务员经常需要加班，总会因各种专项行动而取消周末。但是，基层所掌握的群众工作方法是接地气、最实用的，加上中央提倡的注重基层工作经历的用人导向，所以在基层历练的经验，对以后的成长进步也有一定的帮助。市直及以上部门的岗位往往对专业、学历等的要求较高，近年来逐渐趋向于录取有研究生以上的学历的人，且需要的职位较少，竞争也更大，有的岗位竞争比例在千以上。当然，在市直及以上部门工作，涉及面更广，得到的机会也更多，升职、培训、深造的几率更大。

直属机构指上级垂直管理的单位，只受该系统部门上一级的领导，如海关、国税、地税等部门是上级驻地方的机构，受上级系统部门的领导。这些部门需要更为对口的专业知识，个人的薪金待遇会比普通单位好，但这些部门较少有交流任职的机会，升职空间相对较小，想要进入领导岗位，需要经过更长时间的努力。普通单位指地方政府各个职能部门，如教育局、国土资源局、交通运输局等单位。这些单位的个人薪金待遇与地方经济发展密切相关，因为经济基础决定地方的财政收入，沿海经济发达地区的公务员待遇往往比经济落后的地区好。当然，想在普通单位升职加薪，个人不懈的努力也是很重要的，但有机会去下级单位任职或交流任职，选择面会更广。

公职工作有严格的晋升年限制约，各类单位的晋升空间也有所不同，但总的来说，"升职"速度是比较慢的；公务员岗位的中后期收入相对其他职业收入而言，增长速度比较缓慢，几乎不存在"爆发性增长"的可能。

7.3.3　公考类型

公考可以分为公务员考试和事业单位考试，其中公务员考试又分为国家公务员考试（国考）和省级公务员考试（省考），应届毕业的你还可以选择选调生考试（选调生是省考中的一类，相对来说竞争较小）。选调生是各省党委组织部门有计划地从高等院校选调品学兼优的应届大学本科及其以上毕业生到基层工作，作为党政领导干部后备人选和县级以上党政机关高素质的工作人员人选进行重点培养的群体的简称。

国考和省考虽然都是公务员考试，但也有所不同。其一，组织单位不同。国考的组织单位是中共中央组织部、人力资源与社会保障部、国家公务员局；省考组织单位是各省省委组织部、各省人力资源与社会保障厅、各省公务员局。其二，招录单位不同。国考招录单位包括中央党群机关、国家行政机关直属机构和派出机构、国务院系统参公管理事业单位；省考招录单位包括各省市党群机关、行政机关、行政机关直属机构和派出机构、参公管理事业单位（人员使用事业编制，参照公务员法进行管理）。其三，招考对象不同。国考面向全国招考，几乎没有户籍限制（部分省市除外），岗位除要求专业对口，还要其他条件（如四项目人员、党员、基层经历等）；省考的要求相对要低点，有的还是"三不限"岗位，但其竞争也越激烈。其四，考试地点不同。国考考生可以自由选择考区，省考考生需在招考省份考试。

事业单位是指由政府利用国有资产设立的，从事教育、科技、文化、卫生等活动的社会服务组织。事业单位接受政府领导，是表现形式为组织或机构的法人实体。事业单位一般是国家设置的带有一定的公益性质而不属于政府机构的机构。事业单位的明显特征是以中心、会、所、站、队、院、社、台、宫、馆等字词结尾，如会计核算中心、

卫生监督所、司法所、银监会、质监站、安全生产监察大队等。事业单位分为参公事业单位以及一般事业单位。前者在省公务员招考中招考，后者在事业单位招聘中招考。

7.3.4　考试内容

　　国考和省考的考试科目包含《行政职业能力测验》和《申论》，事业单位的考试科目主要是《公共基础知识》和《综合素质能力测试》，内容大同小异，有常识判断、言语理解与表达、数量关系、判断推理、资料分析等，主要考察应试者的综合知识水平、应变能力、解决问题的能力等，专业性的事业单位（医疗、教育等）还要考察应试者的专业技能。

　　如果你决定毕业后直接参加公考，那么了解上述内容是很有必要的，因为这不仅可以使你在志愿填报时选到适合自己的专业，提前了解、准备还可以让你毕业后更加从容地与其他人竞争公考岗位。例如，提前对各个模块进行专项练习，并掌握方法及技巧;查漏补缺，掌握方法和技巧，经常关注时事热点、社会事件或现象，并能独立分析、概括、提炼观点;锻炼以公务员的工作方式、思路、理念、流程、要求等去发现问题、分析问题、解决问题的能力等。这样学生更能在未来的考试竞争中脱颖而出，在工作后才能更得心应手地工作。

7.4　毕业创业

自己有一定的能力，家庭有一定的经济基础，想要毕业后直接自主创业的你，在高考志愿填报中选专业时需要考虑创业现状、创业类型、创业要点及自身能力和条件等。

7.4.1　创业现状

大学生处于创造力水平较高的年龄，较少的思维限制使他们有着强烈的创新意识。很多高校创立了自己的创业园和创业教育培训中心，也为大学生创业提供了便利。另外，随着政府出台的扶持和鼓励大学生创业相关政策的实施，大学生创业有着较好的发展前景。

所以，选择将来创业的你，要了解你想要创业的方向的发展现状和未来局势，不要因一时头脑发热或目光短浅地看待问题而失去更多更好的创业项目，浪费自己的青春，损失金钱。一般刚毕业的大学生对社会的了解都有限，且实践机会较少，缺乏创业经验，常会以失败而告终，且没有目标的大学生活会让人形成懒惰、懈怠、安于现状的想法，常常毕业后不知何去何从，找工作总感觉高不成低不就。所以，想要以创业开始自己的未来人生，你就要提前做好准备。

7.4.2　创业类型

创业也有多种类型和方式，不同类型对创业者的要求也各有不同。若你毕业后想要创业，提前调研了解适合自己的创业类型是必不可少的，这能辅助你选择一些能在未来创业中给自己帮助的专业，如下面几种类型。

1. 资源型创业

资源型创业是指创业者利用自身资源去设计一个创业项目。资源包括你能找到的人脉、资金、高端技术人才等，这种类型的创业风险性较低，成功率较高，成功与否

的关键在于你找到的资源层次的高低。如果选择这个方向创业，如政府企业工程项目、高端专利技术项目、商业广告拍摄项目等，那么填报工程类、技术类、设计类等专业，可为未来的创业增加便利。

2. 技术型创业

技术型创业指创业者利用自身技术或者组建技术团队进行创业。该类型是大多初期创业者首选的创业类型，其特点为资金需求相对较少、成功率较高、落地性强。如果选择这个方向创业，如互联网行业（软件、游戏开发、网页制作等）、教育培训行业（幼儿英语、技能培训等）、设计、摄影等，那么填报计算机类、语言类或是其他专业技能强的专业可能更利于未来的创业。

3. 创新型创业

创新型创业指创业者在某个领域有新的商业模式或能挖掘出新的商业领域，从而创业的模式。此类型的特点是新想法不一定能被客户接受、风险高、项目的落地性需长期考察调研，但其优势明显，其创业项目是一个全新的模式，属于一个全新的领域，竞争不激烈，阻碍少，被消费者认可后发展迅速，如外卖、共享单车、智能家电、农家乐等。这种创业类型更适合点子多、有创意和善于发现的人。如果选择这个方向创业，那么考生选择能提高自己思维发散性、创新性的专业会比较有利于未来的创业。

4. 加盟品牌创业

加盟品牌创业指创业者选择适合自己加盟且有发展潜力的品牌，自主开店。此类型经营模式稳定，获得认可后可长期获利，但资金要求高，门店难找，投资风险高，且好的品牌市场存在饱和现象。所以，选择这个方向的考生，选择一些能锻炼自己发现商机、较快把握商业动向能力的专业比较好，且在创业的时候一定要认真调研，这样才能挖掘有潜力的新品牌，降低创业失败的风险。

7.4.3 创业要点

1. 制订计划

成功的创业必须立足于现实，靠想象和主观判断是不能顺利的，所以应该有调研、有目的地制订一个经过深思熟虑的、完整的、可执行的商业计划。虽然实际执行通常与原计划有差别，但这能让创业者目标更清晰、思路更清楚，能暴露出创业过程中可能出现的问题，从而大大增加创业成功的可能性。

2. 资金预算

我国的大学生普遍靠家庭或社会支撑其消费，几乎都是"无产阶级"，在创业的初期，往往会受资金的限制。所以，制订一个运行良好的预算计划，便于在创业过程中应对各种变化，在资金运作中进行相应调整，便于创业的发展。

3. 创造经营环境

没有相关准备的毕业生往往缺乏社会经验，难以掌握商界的业务信息，创业也不易成功。因此，想要创业的你要提前接触相关的行业协会，了解行业信息，结识行业伙伴，从而在创业时创造一个良好的经营环境。

4. 建立高效的团队

除了要有计划、有预算、有经营环境外，有效的团队合作也是创业成功必不可少的条件。所以，在你的运营团队形成之前，要逐渐建立一个高效的团队并让其承担好相应的职责。建立好一个高效稳定的团队，未来的发展才会更稳定。所以，决定创业的你要选择志同道合的人或能锻炼识人用人能力的岗位，并在创业前储备好这方面的能力。

5. 形成核心竞争力

在激烈的竞争中，核心竞争力是影响我国大学生的创业成功率的重要因素，大部分创业者的失败是因为没有核心技术或缺少持续创新能力，所以在创业的过程中要不

断进行技术创新，培养创新人才，逐渐形成优秀的企业文化。

7.4.4 自身能力、条件

创业期间的各种决策都受到创业者自身因素的影响，创业者的自身因素在很大程度上决定了创业的成败。

1. 个性特征

创业所需的个性特征包括性格外向、情绪稳定、开放的思维、平易近人和工作认真等方面。这几个方面对创业期间的成就需求和自我效能起着至关重要的作用。

成就需求：具有高成就需求的大学生比其他人更有可能创业成功，这种人格特质会让其完成一些有挑战性的任务，并承担责任，还会使其善于寻求关于他们的表现的反馈，并从中找到提高自己能力的方式。

自我效能：指相信自己能够有效地执行某种行动，这样的人比其他人更有可能取得成功。自我效能是自信的态度，而创业要求创业者在不确定的情况下，凭借主观判断发现商机并创新产品和服务，所以大学生创业必须要拥有自信的态度。

2. 学习与创新能力

创新不仅指技术创新，引入新产品、新市场、新的生产过程、新技术和新研究，还包括制度创新和思维创新。将创新想法与市场联系在一起，有利于团队以更低的成本为客户创造更大的价值。当前社会被称为信息社会，使用"知识爆炸"来描述知识发展的快速性是相当合理的。在这种复杂多变的社会环境中，具有全面知识的大学生更有可能掌握正确的方向，大胆做出决定，从而很容易获得成功。然而，全面的知识和经验来源于持续的学习和积累，所以知识的储备、创新意识的培养和学习能力的提高是创新能力的前提和基础。

3. 识别机会的能力

识别机会的能力是指大学生识别和抓住创业机会的能力，这种能力可以帮助创业者寻求更大的发展空间。创业者是识别机会的人，他们能找到现有的商业机会，这是创业成功的前提。虽然创业机会存在，但只能为能识别和抓住机会的人带来成功，若缺乏识别机会的能力，大学生创业是难以成功的。

4. 组织协调能力

由于缺乏资源，大学生创业需要有充分调动外部资源、有效处置和利用现有资源的能力。创业初期，一般都缺乏规范的管理制度，因此需要创业者充分发挥组织和协调能力，使团队有组织、有秩序，并调动内部和外部资源。组织能力能为创业者获得有竞争优势的战略资源，使创业者快速发现、收集所有分散而有价值的资源、意见，再将其优化后用于团队的发展。

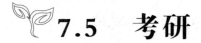

想要大学毕业后继续读研深造，在选择专业的时候要考虑哪些问题呢？看看下面关于考研的介绍吧！

7.5.1 考研优势

考研能够进一步提升大学生的专业能力。大部分专业在本科阶段仅仅是普遍性、基础性的知识教学，通过研究生阶段的继续深造，学生们可以进一步熟悉和掌握专业知识，具备更强的专业能力。

考研可以避开就业高峰。大学扩招以来，每年毕业的本科生多如牛毛，一些专业优势不强的本科生就业压力很大。读研能在一定程度上避开就业高峰，毕业后的竞争对象变成了研究生群体，相对于本科生群体来说，研究生群体的基数要小得多，就业竞争压力相对较小。

考研能够增强择业优势。本科生毕业找工作的时候基本上属于"卖方市场"，受用人单位挑选。研究生毕业找工作就可能变成了"买方市场"，开始有自己挑选的机会。

7.5.2 考研分析

迫于就业压力，或想获得更高层次的知识，很多本科毕业生选择考研深造，所以研究生人数逐年走高。2019年研究生报考人数已达290万人，相比2018年增加了52万人，2020年报考人数再增50万，首次超过300万，达340万人，研究生考试的竞争压力仍将继续增大。

因此，有考研计划的你在高考选择专业的时候，最好选择自己喜欢的专业，虽然本科毕业可以跨专业考研，但是在读研人数逐渐走高的情况下，跨专业考研并不那么容易。如果你有考研打算，那么在大学期间就要提前准备，努力学习，这样再一次披挂上阵时才不会有遗憾。另外，你还要关注考研时间、考研的流程、考研院校相关专业的导师情况，以及提前做好最重要的考试科目和内容等的准备。

若选择考研，那么上述内容你都会遇到，所以在考虑填报的专业的时候，眼光要放长远一点，要考察分析自己是否对所选专业的学习内容感兴趣、能否掌握未来考研需要涉及的考试科目和内容、自己填报的专业是不是需要跨专业考研等问题，找到相关问题的答案后再选择专业，这样进入大学后你才有明确的学习目标，未来的就业择业才会更加胸有成竹。

7.6　出国留学

7.6.1　留学现状

出国留学是一个开阔眼界、增长见识的难得的好机会。国外和国内无论是生活环境还是人的价值观都有很大的差异，在一个新的环境中生活可以体验全新的风土人情，可以领略不同的民俗文化，可以开拓个人眼界。

出国留学意味着要在国外独立生活，独立解决问题。因此，打算毕业后出国的你要考虑好自身的条件，如外语水平、独立能力以及家庭条件等。在选择专业的时候最好选择一些能锻炼自己外语能力、拓展自己视野的专业或院校，为毕业后出国做准备。另外，在大学期间要提前培养锻炼自己的独立自主性，如生活能力、理财能力以及交际能力等。

7.6.2　申请条件

出国留学不是想去就能去的，除了需要经济条件的支持和自身的独立能力外，成绩也是一个必不可少的条件。有的院校有中外合办专业（项目）或是海外分校区，进入这些院校，可能在大学期间就会有出国学习的机会，能提前了解出国相关事项，毕业后想要继续出国学习也相对容易。其他院校毕业后想要出国深造，就需要自己提前查询了，可能相对不易，但也是有一定流程的，只要提前做好准备就好。另外，在准备之余，自身实力的提升也要同步进行。表 7.2 展示了出国留学所需要具备的一些条件，考生及家长可作为参考。

7.6.3　申请流程

了解了相关的申请出国的条件，准备出国的你还需了解出国申请的流程，看看有没有哪些流程中的需求是自己不能达到的，避免现在选择填报的专业被录取后，未来因为学习成绩或其他不达标而让自己未来的出国梦化为泡影。下面是一些出国留学可能会用到的项目。

表 7.2　出国申请要求

申请条件	具体要求
教育背景	"211""985"高校的考生更具有优势 （申请好的学校平均分最好在85分以上，绩点越高越好）
语言、 学术成绩	托福、雅思、GRE/GMAT成绩 （一般而言，去英联邦国家考雅思，而北美国家多为托福GRE考试。在美国，如果学商科考GMAT，学法律考LSAT。结合自己的专业以及目标学校的要求来定参加什么考试）
软性条件	实习活动（国外导师一般对实习比较看重，实习活动越贴近课题越好）、实践活动（义工、志愿者）、大学期间的学术活动（竞赛、项目、论文等，但一般只看重国际性的）
文书材料	学生所有的背景资料只能通过文书体现，文书包括PS（个人陈述）、CV（个人简历）、RL（推荐信），这些是体现综合素质的材料，有些学校看重个人发展高于学校名声

1. 准备 GPA

GPA 即平均成绩点数，这是国内外大多数高校评估学生成绩的制度。计算方法因国家及高校的不同而有所差异，但高的 GPA 是院校申请通过的基础。从大一开始，最好每学年的 GPA 成绩都要足够优秀，具体来说单科都能在 85 分以上，排名在院系前20% 以上。

2. 准备语言考试

不同国家或高校的要求不一，但无论怎样要求都是成绩越高越好，所以早做准备，让备考更充分。

3. 初选院校及专业和导师

考虑因素一般包括自身兴趣和实力、院校及专业排名、学费和奖学金、地理位置、

未来职业发展等方面。选择一个好的导师对研究生学业和生活有很大助益,这里的"好"不是单指职称高或脾气好,还有与学生的相处方式、作为"引路人"身份的合适程度。

4. 提升专业及实践背景

在确定了目标院校及专业后,要有针对性地去实习和实践,提升自身的专业能力,这样与众多竞争者相比才更具有专业优势,才能使申请材料里的个人介绍部分的内容更加充实。

5. 准备文书

一般包括兴趣起源、学术和成长经历、择校原因、录取感言等。框架虽然清晰,但这部分很考验学生的语言功底,这方面的能力也是需要锻炼的。

6. 整理、寄送各类证明材料

各种成绩单、排名证明(特别是在整个专业学生的 GPA 都偏低的时候,排名证明能起到一定的补充说明作用)、学位证、毕业证(或在读证明)、科研成果证明、实习证明等。

7. 面试、选择 offer

参加面试后收到通知的优秀人员,在接到的多个院校的录取通知书中选择一个,之后完成办理签证等事项,等待出国即可。

7.7　硬实力储备

7.7.1　能力测验证书

1. 大学英语四、六级考试和大学英语四、六级口语考试

大学英语四、六级是很多学校保研的前提，是很多外企、外贸、国际化企业招聘的硬指标；国家公务员考试的中央党群机关、中央国家行政机关、各地出入境边防检查总站等部门的某些职位对四、六级成绩有硬性要求。大学英语四、六级口语考试则是检测大学生实际运用英语交流的能力的方式，是大学生证明自身口语能力的一个途径。

2. 全国计算机等级考试

"不懂计算机相当于半个文盲。"计算机等级考试证书是某些企业在招聘时考查的标准之一。特别是非计算机专业的学生通过了计算机（C 语言）二级的考试，可以免考 C 语言程序设计课程。在一些需要用到计算机知识的岗位，拥有计算机等级考试证书便是一个加分项。

3. 国家职业汉语能力测试

国家职业汉语能力测试（ZHC）是我国 21 世纪唯一的、具有权威性的、能有效考查一个人在职业活动中实际应用汉语能力的国家级测试。许多单位在招聘时，对那些"文字能力"强的人会青睐有加。现在，越来越多的院校已经将培养学生汉语实际应用能力作为教育办学理念之一，所以学生在学有余力的情况下，考一个这样的证也不错。

4. 普通话证书

普通话水平测试是对应试人掌握和运用普通话所达到的规范程度的测查与评定的考试，是应试人的汉语标准语测试。初、高中教师资格证的某些科目对普通话也有着具体的要求。所以，在学有余力的情况下，考一个普通话水平测试等级证书可以增加就业的选择。

7.7.2 从业资格证书

1. 教师资格证考试

从业方向：编制教师、特岗教师、乡村支教、培训机构、民办学校任教、大学生志愿服务西部计划。

就业前景：编制教师享受平均工资水平不低于当地公务员平均工资水平的待遇。特岗教师三年服务期满后，可按规定被推荐免试攻读教育硕士。考核合格且自愿留在本地学校的特岗教师，经审核，可办理事业单位人员聘用手续，工资发放纳入当地财政负担范围。各市、县、乡镇学校教师岗位空缺时，优先聘用聘期已满、考核合格的特岗教师。服务期满、考核合格的支教教师在报考研究生时给予加分，同等条件下优先录取；服务期满、考核合格的支教教师在报考党政机关公务员时，同等条件下优先录取。

2. 会计资格证

从业方向：民营企业、国企、外企、公务员、会计师事务所等。

就业前景：会计不管是在企业还是在非营利机构，都是一个必不可少的岗位，在社会上有很广的就业面和很大的需求量。其中民营企业待遇一般，发展空间较小；公务员、事业单位及国企稳定但竞争较大；会计师事务所工作量大，多劳多得。

3. 国家司法考试

从业方向：检察院、法院、律师事务所、公证处。

就业前景：无论是在工作中还是在生活中，都会涉及很多法律问题，具有相关法律意识，通过了国家司法考试的人在找工作时更具优势，遇到法律纠纷时也更能善于利用法律的武器来保护自己。

4. 导游证

从业方向：旅行社、旅游企业、景区景点、博物馆。

就业前景：旅游业被认为是未来发展前景最好的行业之一，包含在其中的导游业前途必定一片光明。导游证全国通用，终身有效，可随时就业，且导游工作没有年龄和地区的限制，薪资可观，工作环境多样。但带团期间相对比较辛苦，对从业人员的身体素质有着较高要求。

5. 中国精算师

从业方向：保险公司精算师。

就业前景：在中国，精算师被称为金领中的金领，有着可观的薪资。但精算师的考查科目多、难度大、周期长，且中国精算师的考试需要通过准精算师考试，并有三年的准精算师经验才可以报考。随着近几年精算师考试的热度逐渐升高，大批准精算师涌入人才市场，行业需求趋于饱和。

附录：

《普通高等学校本科专业目录（2020年版）》

　　下文中的"T"代表特设专业，"K"代表国家控制布点专业。本目录所列专业，除已注明者外，均按所在学科门类授予相应的学位。对已注明了学位授予门类的专业，按照注明的学科门类授予相应的学位；可授两种（或以上）学位门类的专业，原则上由有关高等学校确定授予其中一种。

一、哲学学科门类

哲学类

哲学、逻辑学、宗教学（K）、伦理学（T）

二、经济学学科门类

（一）经济学类

经济学、经济统计学、国民经济（T）、国民经济管理（T）、资源与环境经济学（T）、商务经济学（T）、能源经济（T）、劳动经济学（T）、经济工程（T）、数字经济（T）

（二）财政学类

财政学（K）、税收学

（三）金融学类

金融学（K）、金融工程、保险学、投资学、金融数学（T）、信用管理（T）（注：可授经济学或管理学学士学位）、经济与金融（T）、精算学（T）、互联网金融（T）、金融科技（T）

（四）经济与贸易类

国际经济与贸易、贸易经济

三、法学学科门类

（一）法学类

法学（K）、知识产权（T）、监狱学（T）、信用风险管理与法律防控（T）、国际经贸规则（T）、司法警察学（TK）、社区矫正（TK）

（二）政治学类

政治学与行政学，国际政治，外交学，国际事务与国际关系（T），政治学、经济学与哲学（T），国际组织与全球治理（TK）

（三）社会学类

社会学、社会工作、人类学（T）、女性学（T）、家政学（T）、老年学（T）

（四）民族学类

民族学

（五）马克思主义理论类

科学社会主义、中国共产党历史、思想政治教育、马克思主义理论（T）

（六）公安学类

治安学（K）、侦查学（K）、边防管理（K）、禁毒学（TK）、警犬技术（TK）、经济犯罪侦查（TK）、边防指挥（TK）、消防指挥（TK）、警卫学（TK）、公安情报学（TK）、犯罪学（TK）、公安管理学（TK）、涉外警务（TK）、国内安全保卫（TK）、警务指挥与战术（TK）、技术侦查学（TK）、海警执法（TK）、公安政治工作（TK）、移民管理（TK）、出入境管理（TK）

四、教育学学科门类

（一）教育学类

教育学、科学教育、人文教育、教育技术学（注：可授教育学或理学或工学学士学位）、艺术教育（注：可授教育学或艺术学学士学位）、学前教育、小学教育、特殊教育、华文教育（T）、教育康复学（TK）、卫生教育（T）、认知科学与技术（T）

（二）体育学类

体育教育、运动训练（K）、社会体育指导与管理、武术与民族传统体育（K）、运动人体科学、运动康复（T）（注：可授教育学或理学学士学位）、休闲体育（T）、体能训练（T）、冰雪运动（T）、电子竞技运动与管理（TK）、智能体育工程（TK）、体育旅游（TK）、运动能力与开发（T）

五、文学学科门类

（一）中国语言文学类

汉语言文学、汉语言、汉语国际教育、中国少数民族语言文学、古典文献学、应用语言学（T）、秘书学（T）、中国语言与文化（T）、手语翻译（T）

（二）外国语言文学类

桑戈语（T）、英语、俄语、德语、法语、西班牙语、阿拉伯语、日语、波斯语、朝鲜语、菲律宾语、语言学（T）、塔玛齐格特语（T）、爪哇语（T）、旁遮普语（T）、梵语巴利语、印度尼西亚语、印地语、柬埔寨语、老挝语、缅甸语、马来语、蒙古语、僧伽罗语、泰语、乌尔都语、希伯来语、越南语、豪萨语、斯瓦希里语、阿尔巴尼亚语、保加利亚语、波兰语、捷克语、斯洛伐克语、罗马尼亚语、葡萄牙语、瑞典语、塞尔维亚语、土耳其语、希腊语、匈牙利语、意大利语、泰米尔语、普什图语、世界语、孟加拉语、尼泊尔语、克罗地亚语、荷兰语、芬兰语、乌克兰语、挪威语、丹麦语、冰岛语、爱尔兰语、拉脱维亚语、立陶宛语、斯洛文尼亚语、爱沙尼亚语、马耳他语、哈萨克语、乌兹别克语、祖鲁语、拉丁语、翻译、商务英语、加泰罗尼亚语（T）、约鲁巴语（T）、索马里语（T）、亚美尼亚语（T）、马达加斯加语（T）、格鲁吉亚语（T）、阿塞拜疆语（T）、阿非利卡语（T）、马其顿语（T）、塔吉克语（T）、茨瓦纳语（T）、恩德贝莱语（T）、科摩罗语（T）、克里奥尔语（T）、绍纳语（T）、提格雷尼亚语（T）、白俄罗斯语（T）、毛利语（T）、汤加语（T）、萨摩亚语（T）、库尔德语（T）、比斯拉马语（T）、达里语（T）、德顿语（T）、迪维希语（T）、斐济语（T）、库克群岛毛利语（T）、隆迪语（T）、卢森堡语（T）、卢旺达语（T）、纽埃语（T）、皮金语（T）、切瓦语（T）、塞苏陀语（T）、阿姆哈拉语（T）、吉尔吉斯语（T）、土库曼语（T）

（三）新闻传播类

新闻学、广播电视学、广告学、传播学、编辑出版学、网络与新媒体（T）、数字出版（T）、时尚传播（T）、国际新闻与传播（T）、会展（T）

六、历史学学科门类

历史学类

历史学、世界史、考古学、文物与博物馆学、文物保护技术（T）、外国语言与外国历史（T）（注：可授历史学或文学学士学位）、文化遗产（T）

七、理学学科门类

（一）数学类

数学与应用数学、信息与计算科学、数理基础科学（T）、数据计算及应用（T）

（二）物理学类

物理学、应用物理学、核物理、声学（T）、系统科学与工程（T）

（三）化学类

化学、应用化学（注：可授理学或工学学士学位）、化学生物学（T）、分子科学与工程（T）、能源化学（T）

（四）天文学类

天文学

（五）地理科学类

地理科学、自然地理与资源环境（注：可授理学或管理学学士学位）、人文地理与城乡规划（注：可授理学或管理学学士学位）、地理信息科学

（六）大气科学类

大气科学、应用气象学

（七）海洋科学类

海洋科学、海洋技术（注：可授理学或工学学士学位）、海洋资源与环境（T）、军事海洋学（T）

（八）地球物理学类

地球物理学、空间科学与技术（注：可授理学或工学学士学位）、防灾减灾科学与工程（T）

（九）地质学类

地质学、地球化学、地球信息科学与技术（T）（注：可授理学或工学学士学位）、古生物学（T）

（十）生物科学类

生物科学、生物技术（注：可授理学或工学学士学位）、生物信息学（注：可授理学或工学学士学位）、生态学、整合科学（T）、神经科学（T）

（十一）心理学类

心理学（注：可授理学或教育学学士学位）、应用心理学（注：可授理学或教育学学士学位）

（十二）统计学类

统计学、应用统计学

八、工学学科门类

（一）力学类

理论与应用力学（注：可授工学或理学学士学位）、工程力学

（二）机械类

机械工程、机械设计制造及其自动化、材料成型及控制工程、机械电子工程、工业设计、过程装备与控制工程、车辆工程、汽车服务工程、机械工艺技术（T）、微机电系统工程（T）、机电技术教育（T）、汽车维修工程教育（T）、智能制造工程（T）、智能车辆工程（T）、仿生科学与工程（T）、新能源汽车工程（T）

（三）仪器类

测控技术与仪器、精密仪器（T）、智能感知工程（T）

（四）材料类

材料科学与工程、材料物理（注：可授工学或理学学士学位）、材料化学（注：可授工学或理学学士学位）、冶金工程、金属材料工程、无机非金属材料工程、高分子材料与工程、复合材料与工程、粉体材料科学与工程（T）、宝石及材料工艺学（T）、焊接技术与工程（T）、功能材料（T）、纳米材料与技术（T）、新能源材料与器件（T）、材料设计科学与工程（T）、复合材料成型工程（T）、智能材料与结构（T）

（五）能源动力类

能源与动力工程、能源与环境系统工程（T）、新能源科学与工程（T）、储能科学与工程（T）

（六）电气类

电气工程及其自动化、智能电网信息工程（T）、光源与照明（T）、电气工程与智能控制（T）、电机电器智能化（T）、电缆工程（T）

（七）电子信息类

电子信息工程（注：可授工学或理学学士学位）、电子科学与技术（注：可授工学或理学学士学位）、通信工程、微电子科学与工程（注：可授工学或理学学士学位）、光电信息科学与工程（注：可授工学或理学学士学位）、信息工程、广播电视工程（T）、水声工程（T）、电子封装技术（T）、集成电路设计与集成系统（T）、医学信息工程（T）、电磁场与无线技术（T）、电波传播与天线（T）、电子信息科学与技术（T）（注：可授工学或理学学士学位）、电信工程及管理（T）、应用电子技术教育（T）、人工智能（T）、海洋信息工程（T）

（八）自动化类

自动化、轨道交通信号与控制（T）、机器人工程（T）、邮政工程（T）、核电技术与控制工程（T）、智能装备与系统（T）、工业智能（T）

（九）计算机类

计算机科学与技术（注：可授工学或理学学士学位）、软件工程、网络工程、信息安全（K）（注：可授工学或理学或管理学学士学位）、物联网工程、数字媒体技术、智能科学与技术（T）、空间信息与数字技术（T）、电子与计算机工程（T）、数据科学与大数据技术（T）（注：可授工学或理学学士学位）、网络空间安全（TK）、新媒体技术（T）、电影制作（T）、保密技术（TK）、服务科学与工程（T）、虚拟现实技术（T）、区块链工程（T）

（十）土木类

土木工程，建筑环境与能源应用工程，给排水科学与工程，建筑电气与智能化，城市地下空间工程（T），道路桥梁与渡河工程（T），铁道工程（T），智能建造（T），土木、水利与海洋工程（T）、土木、水利与交通工程（T）

（十一）水利类

水利水电工程、水文与水资源工程、港口航道与海岸工程、水务工程（T）、水利科学与工程（T）

（十二）测绘类

测绘工程、遥感科学与技术、导航工程（T）、地理国情监测（T）、地理空间信息工程（T）

（十三）化工与制药类

化学工程与工艺、制药工程、资源循环科学与工程（T）、能源化学工程（T）、化学工程与工业生物工程（T）、化工安全工程（T）、涂料工程（T）、精细化工（T）

（十四）地质类

地质工程、勘查技术与工程、资源勘查工程、地下水科学与工程（T）、旅游地学与规划工程（T）

（十五）矿业类

采矿工程、石油工程、矿物加工工程、油气储运工程、矿物资源工程（T）、海洋油气工程（T）

（十六）纺织类

纺织工程、服装设计与工程（注：可授工学或艺术学学士学位）、非织造材料与工程（T）、服装设计与工艺教育（T）、丝绸设计与工程（T）

（十七）轻工类

轻化工程、包装工程、印刷工程、香料香精技术与工程（T）、化妆品技术与工程（T）

（十八）交通运输类

交通运输、交通工程、航海技术（K）、轮机工程（K）、飞行技术（K）、交通设备与控制工程（T）、救助与打捞工程（T）、船舶电子电气工程（TK）、轨道交通电气与控制（T）、邮轮工程与管理（T）

（十九）海洋工程类

船舶与海洋工程、海洋工程与技术（T）、海洋资源开发技术（T）、海洋机器人（T）

（二十）航空航天类

航空航天工程、飞行器设计与工程、飞行器制造工程、飞行器动力工程、飞行器环境与生命保障工程、飞行器质量与可靠性（T）、飞行器适航技术（T）、飞行器控制与信息工程（T）、无人驾驶航空器系统工程（T）

（二十一）武器类

武器系统与工程、武器发射工程、探测制导与控制技术、弹药工程与爆炸技术、特种能源技术与工程、装甲车辆工程、信息对抗技术、智能无人系统技术土木（T）

（二十二）核工程类

核工程与核技术、辐射防护与核安全、工程物理、核化工与核燃料工程

（二十三）农业工程类

农业工程、农业机械化及其自动化、农业电气化、农业建筑环境与能源工程、农业水利工程、土地整治工程（T）、农业智能装备工程（T）

（二十四）林业工程类

森林工程、木材科学与工程、林产化工、家具设计与工程（T）

（二十五）环境科学与工程类

环境科学与工程、环境工程、环境科学（注：可授工学或理学学士学位）、环境生态工程、环保设备工程（T）、资源环境科学（T）（注：可授工学或理学学士学位）、水质科学与技术（T）

（二十六）生物医学工程类

生物医学工程（注：可授工学或理学学士学位）、假肢矫形工程（T）、临床工程技术（T）、康复工程（T）

（二十七）食品科学与工程类

食品科学与工程（注：可授工学或农学学士学位）、食品质量与安全、粮食工程、乳品工程、酿酒工程、葡萄与葡萄酒工程（T）、食品营养与检验教育（T）、烹饪与营养教育（T）、食品安全与检测（T）、食品营养与健康、食品菌科与工程、白酒酿造工程（T）

（二十八）建筑类

建筑学、城乡规划、风景园林（注：可授工学或艺术学学士学位）、历史建筑保护工程（T）、人居环境科学与技术（T）、城市设计（T）、智慧建筑与制造（T）

（二十九）安全科学与工程类

安全工程、应急技术与管理（T）、职业卫生工程（T）

（三十）生物工程类

生物工程、生物制药（T）、合成生物学（T）

（三十一）公安技术类

刑事科学技术（K）、消防工程（K）、交通管理工程（TK）、安全防范工程（TK）、公安视听技术（TK）、抢险救援指挥与技术（TK）、火灾勘查（TK）、网络安全与执法（TK）、核生化消防（TK）、海警舰艇指挥与技术（TK）、数据警务技术（TK）

九、农学学科门类

（一）植物生产类

农学、园艺、植物保护、植物科学与技术、种子科学与工程、设施农业科学与工程（注：可授农学或工学学士学位）、茶学（T）、烟草（T）、应用生物科学（T）（注：可授农学或理学学士学位）、农艺教育（T）、园艺教育（T）、智慧农业（T）、菌物科学与工程（T）、农药化肥（T）

（二）自然保护与环境生态类

农业资源与环境、野生动物与自然保护区管理、水土保持与荒漠化防治、生物质科学与工程（T）

（三）动物生产类

动物科学、蚕学（T）、蜂学（T）、经济动物学（T）、马业科学（T）

（四）动物医学类

动物医学、动物药学、动植物检疫（T）（注：可授农学或理学学士学位）、实验动物学（T）、中兽医学（T）

（五）林学类

林学、园林、森林保护、经济林（T）

（六）水产类

水产养殖学、海洋渔业科学与技术、水族科学与技术（T）、水生动物医学（TK）

（七）草学类

草业科学、草坪科学与工程（T）

十、医学学科门类

（一）基础医学类

基础医学（K）、生物医学（TK）、生物医学科学（T）

（二）临床医学类

临床医学（K）、麻醉学（TK）、医学影像学（TK）、眼视光医学（TK）、精神医学（TK）、放射医学（TK）、儿科学（TK）

（三）口腔医学类

口腔医学（K）

（四）公共卫生与预防医学类

预防医学（K）、食品卫生与营养学（注：授予理学学士学位）、妇幼保健医学（TK）、卫生监督（TK）、全球健康学（TK）（注：授予理学学士学位）

（五）中医学类

中医学（K）、针灸推拿学（K）、藏医学（K）、蒙医学（K）、维医学（K）、壮医学（K）、哈医学（K）、傣医学、回医学（TK）、中医康复学（TK）、中医养生学（TK）、中医儿科学（TK）、中医骨伤科学（TK）

（六）中西医结合类

中西医临床医学（K）

（七）药学类

药学（注：授予理学学士学位）、药物制剂（注：授予理学学士学位）、临床药学（TK）（注：授予理学学士学位）、药事管理（T）（注：授予理学学士学位）、药物分析（T）（注：授予理学学士学位）、药物化学（T）（注：授予理学学士学位）、海洋药学（T）（注：授予理学学士学位）、化妆品科学与技术（T）

（八）中药学类

中药学（注：授予理学学士学位）、中药资源与开发（注：授予理学学士学位）、藏药学（T）（注：授予理学学士学位）、蒙药学（T）（注：授予理学学士学位）、中药制药（T）（注：可授理学或工学学士学位）、中草药栽培与鉴定（T）（注：授予理学学士学位）

（九）法医学类

法医学（K）

（十）医学技术类

医学检验技术（注:授予理学学士学位）、医学实验技术（注:授予理学学士学位）、医学影像技术（注:授予理学学士学位）、眼视光学（注:授予理学学士学位）、康复治疗学（注:授予理学学士学位）、口腔医学技术（注:授予理学学士学位）、卫生检验与检疫（注:授予理学学士学位）、听力与言语康复学（T）、康复物理治疗（T）、康复作业治疗（T）、智能医学工程（T）

（十一）护理学类

护理学（注:授予理学学士学位）、助产学（T）

十一、管理学学科门类

（一）管理科学与工程类

管理科学（注:可授管理学或理学学士学位）、信息管理与信息系统（注:可授管理学或工学学士学位）、工程管理（注:可授管理学或工学学士学位）、房地产开发与管理、工程造价（注:可授管理学或工学学士学位）、保密管理（TK）、邮政管理（T）、大数据管理与应用（T）、工程审计（T）、计算金融（T）、应急管理（T）

（二）工商管理类

工商管理（K）、市场营销、会计学（K）、财务管理、国际商务、人力资源管理、审计学、资产评估、物业管理、文化产业管理（注:可授管理学或艺术学学士学位）、劳动关系（T）、体育经济与管理（T）、财务会计教育（T）、市场营销教育（T）、零售业管理（T）

（三）农业经济管理类

农林经济管理、农村区域发展（注:可授管理学或农学学士学位）

（四）公共管理类

公共事业管理、行政管理、劳动与社会保障、土地资源管理（注:可授管理学或工学学士学位）、城市管理、海关管理（TK）、交通管理（T）（注:可授管理学或工学学士学位）、海事管理（T）、公共关系学（T）、健康服务与管理（T）、海警后勤管理（TK）、医疗产品管理（T）、医疗保险（T）、养老服务管理（T）

（五）图书情报与档案管理类

图书馆学、档案学、信息资源管理

（六）物流管理与工程类

物流管理、物流工程（注：可授管理学或工学学士学位）、采购管理（T）、供应链管理（T）

（七）工业工程类

工业工程（注:可授管理学或工学学士学位）、标准化工程（T）、质量管理工程（T）

（八）电子商务类

电子商务（注：可授管理学或经济学或工学学士学位）、电子商务及法律（T）、跨境电子商务（T）

（九）旅游管理类

旅游管理（K）、酒店管理、会展经济与管理、旅游管理与服务教育（T）

十二、艺术学学科门类

（一）艺术学理论类

艺术史论、艺术管理（T）

（二）音乐与舞蹈学类

音乐表演、音乐学、作曲与作曲技术理论、舞蹈表演、舞蹈学、舞蹈编导、舞蹈教育（T）、航空服务艺术与管理（TK）、流行音乐（T）、音乐治疗（T）、流行舞蹈（T）

（三）戏剧与影视学类

表演、戏剧学、电影学、戏剧影视文学、广播电视编导、戏剧影视导演、戏剧影视美术设计、录音艺术、播音与主持艺术、动画、影视摄影与制作（T）、影视技术（T）、戏剧教育（T）

（四）美术学类

美术学、绘画、雕塑、摄影、书法学（T）、中国画（T）、实验艺术（TK）、跨媒体艺术（TK）、文物保护与修复（T）、漫画（T）

（五）设计学类

艺术设计学、视觉传达设计、环境设计、产品设计、服装与服饰设计、公共艺术、工艺美术、数字媒体艺术、艺术与科技（T）、陶瓷艺术设计（TK）、新媒体艺术（T）、包装设计（T）